自由與權威

三民叢刊 6

周陽山著

三民書局印行

自由與繁榮

周德偉著

謹以本書

紀　念

先父　周故教授世輔先生（一九〇六——一九八八）

並獻給

母親　周闕淑卿女士

序

這本書裏的主要文章，都是過去幾年間在海外與國內的集思之作，討論的主題包括自由與權威，民主與傳統，國家與民間社會，以及民主化、自由化與政權轉型等問題，討論的題旨比較廣泛，但基本的意旨則仍有共同趨向可循。爲求簡便起見，乃將書名定爲《自由與權威》。

大抵上本書書名已包含了各篇章的主要內容，而且也合乎我一再強調的一項觀念：自由與權威並非敵體，而且存在著相輔相成、共生共榮的複雜關係。在一個尊重權威，並肯定傳統具備正面價值與積極意義的自由環境中，我們所亟需的並非否定一切傳統、盲目排拒權威的解放與革命思想，而係立基於自由民主傳承的法治秩序和憲政規範。基於此，本書的觀點若從守舊封閉的角度看來，可能趨於急進，但從解放論或革命論的觀點看來，則又趨於保守。不過，我們若了解當時空環境轉變後，許多自由主義者都變成新保守派，某些自由派卻放棄了自由主義原則，走上激進與解放的道路，也就不必對種種意識型態的標簽，太過在意了。畢竟，預設的意識型態立場並不能取代實際的評價，而評價的準繩最後還是要落實在學術研究與現實分析之上的。

這本書的結集，代表著我自己過去幾年思索方向的一點軌跡。這段軌跡中並無太多的心靈掙扎，但仍然反映了一部份時代轉變中的複雜心緒。在一個外在環境巨變的時代裏，個人思維的轉變，或許無足輕重，但卻仍可視爲一項歷史性的記載。後之視今，自不無其中深蘊。

本書成集時，正值先父世輔先生辭世一周年之祭。謹以本書獻給　父親在天之靈，並紀念他一生堅毅自持、樂天安命，以及對我人生方向的至深感召。

周陽山　謹序於臺北

一九八九年冬

自由與權威　目次

序

第一輯　自由與權威

自由、權威與韋伯思想

——權威問題系列討論之一

引　言

一九八二年九月，林毓生先生發表了一篇反省近代中國人文學科發展的重要文獻：〈中國人文的重建〉。他另外也發表了〈什麼是理性〉、〈論自由與權威的關係〉及〈再論自由與權威的關係〉等三篇文章❶。在這一連串的文字中，林先生的主要討論焦點，集中在權威、自由、理性與中國近代學術、文化及思想的發展困境上。對於許多長期以來積非成是的

❶ 以下簡稱「林文」，均收入林著《思想與人物》，臺北，聯經出版公司，一九八三。

觀念作了仔細而深入的反省。無論從學術討論的角度或關心中國思想、文化發展的觀點看來，這些文字的重要性與深刻性，都是歷年來在海內外的中文著述中所罕見的。但是，正由於這些文字所觸及的主題，都是一些習以爲常或積非成是的觀念，同時這些觀念在當前海內外的中國文化、思想圈裏，相當程度上仍佔據著重要的位置，因而這幾篇文字所呈現的衝擊性，也特別顯目。另一方面，由於這幾篇文字都是從人文學科的反省角度出發，思想論式複雜而抽象，對於習於依照實例運思的讀者而言，容易產生許多混淆、誤解或歪曲，甚至有部分讀者還會對作者行文時的背景與意圖發生懷疑。這固是因爲中文讀者長期的思考習慣與現實的複雜環境影響所致；但另一方面，在反省或評論這幾篇文字的意見中，也的確存在一些學理上的爭論之處，值得關心這些題旨的人們作進一步的討論。在這些評論的意見中，以張明貴先生的〈跨越「五四」的後遺症〉❷中提出的論點最爲清晰，態度也較爲持平。（張文所評論者，爲林文中有關自由與權威的兩篇）基於學術討論的慣例與誠意，本文試圖從上述這五篇文字討論的題旨做基點，就西方學界的部分研究成果做一比較論析，同時也將作者個人的觀點爰附於後，以向林、張兩先生求教，並與讀者共思之。

---

❷ 載於一九八三年九月廿六、廿七日美洲版《中國時報》〈人間副刊〉，以下簡稱「張文」。

由於篇幅與體例的限制，作者將分三篇文字討論此一複雜的問題。其中有一部分問題是由林文、張文所引發的，也有許多題旨則係作者個人的研習心得。因此，本文並不同於一般書評或文評爲主旨的文字。但卻與上述幾篇相關的文章有脈絡關係。爲了易於澄淸論證主旨起見，讀者最好能將上述五篇文章依次詳讀一遍，再讀本文。另外，本文中若有提及林、張兩先生的論點時，則係以他們對自由與權威的討論文字爲主（卽張文及林文之〈論自由與權威〉及〈再論〉等二篇），並儘量不涉及臆測等問題。爲了集中討論的焦點，第一篇將以韋伯等學者有關論點的介紹及引介爲主。第二篇則以席爾思及費德立克的論點爲中心。最後，在第三篇中則將就中國學術發展上的權威與自由問題做一申論。

本篇將先就權威此一辭彙的意涵及社會科學大家韋伯（Max Weber）的論點做一引述及討論。

「權威」的意義及界定

在進入正題之先，作者覺得有必要就各人的學術專長做一簡介。林毓生先生是思想史學者，專長中國近代及現代思想史。張明貴先生是政治學者，對意識型態及政治思潮問題頗富研究心得。而作者個人則以研習政治學及社會思想爲主。對中國近代史及思想史也有一定的研究興趣。我強調這些學術背景的原因，是由於當代學術的分工，造成了不同學科在研究方法與思索途徑上的差異，也因而往往會對某些名詞定義與分析方式產生歧異。在學術分工日益專精化、分殊化的今天，我們唯有暫時撇開一些學術分科上所獨有的行規或術語，而嘗試在比較廣泛、共通的基礎上與其他學科或其他途徑的研究者進行溝通，學術的對話、合作與攻錯才是可能的。例如，政治學與政治社會學所通用的「革命」定義，與在知識社會學、科學社會學和科學史裏所指的「革命」一詞，往往就指涉著不同的意涵。如果不先就名詞作一釐清，則溝通上的障礙恐將不易避免。

同樣的情形也發生在本文所討論的「權威」定義之上。在政治學與政治社會學所指的「權威」(authority)一辭中，國家與政府機能所代表的公共權威是經驗層次上所指涉的主要對象之一。但是在林毓生先生的文章中，他很清楚的將權威做了另一番的定義：「創始者具有啓迪別人的能力，他的看法與意見能夠使別人心悅誠服，使別人心甘情願地接受他的看法與意見而受其領導。」而其中使別人心悅誠服服膺的原因，「則主要是靠創始者的意見能夠變成具體的範例，與能夠賦予行爲的正確性，並導使其成功；因此，使別人對其產生信心，遂起而服膺。」換言之，「權威是一種使自己的提議被別人接受的能力」（林著，頁一〇六）。基於上述的定義，林文強調權威與志願的服膺及景從之間的密切關係，並且強調唯有不假威脅與壓迫的權威，才是「心安理得的權威」，也才是合乎其定義的「眞權威」。

對於此點，張明貴先生的文章中表示了不同的看法。他認爲林文的觀念「多少偏離了社會學或政治學上的定義，而且未對公共權威如國家與政府等，加以適當的考慮。」他認爲權威應是「指一個人、職位或團體的才能、能力、專長或特質（包括法律、習俗等制度上的特質）獲得承認，因而具有支配力，並且與『權力』（強制支配力）與『合法性』（可欲而可接受）在意義上有所不同。」因而，張文認爲，林文中對「權威」的定義已將具有公權力或強制力的公共權威排除在外了。

關於上述的歧異，不僅是名詞界定上的差異，同時也顯示了不同學科在研究對象與研究方法上的分歧。我個人的看法是這樣的：

㈠如果這幾篇文章是發表在政治學或政治社會學的學術刊物上，討論的焦點的確不應偏離本學科中所普遍接受的定義。但事實上，這幾篇文章都是發表在一般的報章雜誌上，以一般讀者爲對象的。基於此，評論者就無權利要求原作者顧及到政治學所關心的主題了。更何況，林文係以一般性的思想史的角度出發，對中國近代文化及思想的困境提出討論。只要他的定義合乎常識意義或者在他的討論脈絡裏自圓其說，基本上就已合乎學術討論的慣例了。

㈡如果張文認爲，由於「權威」在一般社會上習用的含義中，政府或國家所象徵的「公共權威」已經是一項普泛的要素了，則基於現實的考慮，我們有義務亦對此一層面作一討論，但這仍然有值得商榷之處。首先，對於一個意義含混而又包含多重意義的名詞，字源的分析與意義的界定，以明瞭其歷史因革，往往是必要的。關於這點，林文事實上已經做到了（頁一〇六）。其次，從字源分析的功能看來，正本清源，追尋原義，並發掘其與當前常識用法的關係，應是其基本目的，但是否必須對現實上的各種複雜意義作逐一的探討，則從學術分工的角度看來，並非必然。如果在一場「科學革命」的討論會上，我們要求一位科學社會學家或科學史家將其討論的焦點放在政治學定義的「革命」上，那麼這場討論會可能難以維續。同理，基於學術多元化與術業有專攻的立場，要求一個學者討論在他專業領域之外的問題，甚至就此而作批評，都是有欠公允的。

根據上述兩點，我個人認爲，一位評論者對原作者根據其所下定義而做的討論，如有不同意見時，他儘可根據文章的脈絡、引據、推理等提出批評，甚至可重新增加新的定義角度，做新的引伸與探討。但評論者卻無法責成原作者，要求他討論在其定義範圍之外的問題。因爲，這非但是對原作者的強求，事實上也有違理性的學術行規。而尊重學術界中的權威與行規，以及各學科間彼此尊重相互的權威性，正是一般學者所肯定的，這也是林文所再三強調的（頁七、九、九六、九七）。

但是，我也同意張文所說，「權威」的確有不同層面的意義。根據權威的（請注意這三個字）《牛津英文字典》❸，「權威」(authority)一辭，至少就包含了下列各種不同的意義（見頁五七二）：

(1)執行（或強制執行—enforce）服從的權力或權利；道德或法律的至高性(supremacy)；指揮(command)的權利或做最後決定的權利。

(2)派生的(derived)或委託的(delegated)的權力；授與的(conferred)的權利或稱號；權威化(authorization)。

(3)掌握權威者；行使權力或負責指揮的團體或個人。（過去使用單數型態時意義等同於「政府」；目前通用的用法裏，單數時表抽象意義，多數時則表具體意義的政府。）

(4)影響他人行爲與行動的權力；個人的或實際的影響。

(5)用權力或名銜影響他人的意見；權威性的意見；對判斷(judgement)或意見構成的影響、知識上的影響。

---

❸ *Oxford English Dictionary*, 1971.

(6)激起信念的力量，使人信任的名銜（title to be believed）；權威性的陳述（statement）；證言的影響力（weight of testimony）；有時則指的是 authorship（指原作或原創作者）或 testimony（指證言或公開的陳述）。

(7)公認的引文（quotation）或著作，或者據此以處理不同意見的問題，或者做結論性的公開陳述。

(8)a.指意見或證言被接受的個人；或者陳述的意見被他人接受的作者。b.一個人對某一主題的意見被他人敬謹的接受；任何一問題中的專家。

從上述的八項定義看來，林文中的定義大致上是與四、五、六、七、八等項以及第一項中的第二點有關的。換言之，它基本上是與許多種常識意義相符的。因此，即使它並未包含第三項的「政府」或「公共權威」等意涵，也並未以政治學的概念，如參與、領導、指揮、決策及政權性質等出發點做分析，但卻並不因而影響到它在文義脈絡內的正確性。

「自由」的意義、界定與相關的討論

在對於自由的討論上，林文使用了兩組不同的概念：內在的與外在的自由，消極的與積極的自由，以分別釐清此一題旨。基本上，林文接受了哈佛大學哲學教授勞爾思（John Rawls）對於自由的界定，認爲「每個人均平等地享有最廣濶的基本自由的權利，但這種享有基本自由的權利必須與別人享有同樣的權利是相容（不衝突）的。」（頁九二）林文並強調自由與責任以及自由與法治的不可分的關係。關於此點，張文基本上並無異見。但另一方面，張文對於「內在自由」與「外在自由」的分法，卻不以爲然。他說：「在西方自由主義的傳統中，所強調的是：沒有外在的自由，內在的自由卽失去意義。舉例言之，沒有學術、言論與出版自由，思想自由卽失去意義。」關於這段說明，基本上與林文的立場相合，因爲林文在結語中曾說：「我們要求自由與民主，當然必須優先建立法治的制度，否則一切終究只是空談。」（頁一一七）但我覺得張文特別強調此點，在當前的脈絡中，亦頗有建設性的意義。因此，我支持張文的上述說法。但我卻不能同意張文緊接著的一段話：「此所以西方自由主義者論自由有消極（保障自由）與積極（增進自由）之分，而無內在（主觀感受）與外在（客觀限制）之分，因此西方人不斷奮鬪解除種種對自由的限制，爭取以法律來保障與增進自由。」

我之所以不同意這段論式，是基於兩項主要理由：

首先，雖然沒有學術、言論與出版自由，思想自由卽會失去意義。但這並不意含只要有這些外在的自由，內在的思想自由卽能獲得確立。因爲在獲得民權保障的民主社會裏，人們不必然會產生獨立的精神，關於此點，林著中曾多所討論（見頁一五至一七）。雖然這些討論並不在張文批評的對象之內，但我覺得旣然誤解已經產生，就有必要做一分析與討論。

在〈中國人文的重建〉一文中，林毓生先生指出，「自由」與「民主」雖然彼此相關，但卻是兩件相當不同的事，「自由」容易培養獨立的人格，「民主」卻不易培養獨立的人格。因爲，在一個民主的社會中，雖然形式上每個人都可以根據自己的想法與愛好做決定，但實質上，一般人根據的往往只是當時社會上流行的風氣，而不是眞正的、經過深思熟慮的獨立判斷，因而民主並不能夠直接促成獨立的人格。根據我個人的觀點，這在今天美國的社會中是頗爲顯見的，趕時髦、一窩蜂，不僅是美國社會中慣常有的現象，甚至在學術界裏，也是常見的。舉例來說，在一九六〇年代美國學運興盛以前，美國社會中的中產階級文化觀一直扮演著主導性的角色；保守性尤爲其中的主要特色。自從學運、婦運、黑權等異議運動在六十年代左右崛興以後，社會中主導的價值觀才逐漸改變，對學界也日漸產生了影響。最顯見的，是歐陸知識分子所一向關切的社會主義思潮以及東歐知識界反極權的馬克思人文主義運動，遲至一九七〇年代前後，才逐漸得到美國學界的重視。但是直到今天，美國學界對社會思潮與意識型態的關注，仍然是遜於西歐學界的。我在此不欲對美國社會與學術界的發展現況做深入的檢討，也無意對一九六〇年代以來美國社會中價值觀的轉變做價值的評斷。但很顯然的，若非一些重要的啓迪人物，如黑人領袖金恩，和一些自由派的大法官的推動，以及一些歷史事件（如越戰、黑人抗議運動）的因緣際會，美國社會中價值觀的轉變，將會更形緩慢。因此，卽使是美國這樣一個比較民主的環境裏，在六十年代以前，由於社會中的大多數人往往不自覺的受到保守的社會風習與價值觀的影響，誤以爲他們的社會是非常健全與民主的。因而他們並未產生眞正的獨立精神與批判能力，對長期以來美國民主制度中的缺陷與人權上的不平等現象（主要指美國南方長期的黑白分離政策以及對印地安人、西裔、亞裔、華裔及其他少數民族的歧視）作眞實的反省。直到八十年代的今天，卽使民權法案已經通過了二十多年之久，美國社會中的種族歧視現象仍然是相當普遍的，而在高等學術界中（包括大學），情況亦然。同樣的，在種族主義範疇之外，一般人對社會中瀰漫的資本主義、功利主義價值觀的反省，也是相當微弱的。卽使是在一九七〇年代興起的異議運動與「反文化」(counter culture) 運動中，曾有許多神秘宗教與宗教的批判運動崛起，對西方文化的流弊有所反省。但在景從的人當中，眞正基於理性判斷與獨立思考精神而參與獻身的，也不是非常普遍。相反的，基於神秘、好奇、盲動與情感需要而一窩蜂、湊熱鬧的人倒有不少，使得許多邪門怪教一時盛起。此可從「人民廟堂」(People's Church) 這一支神秘宗教，在圭亞那的集體自殺（實爲屠殺）事件中看出來。這些例證，說明了一個重要的事實，即人權的保障與外在自由的維護，並不能確保人的內在自由亦同時增進。雖然我完全同意張文所說，沒有外在自由的保障，內在自由將無所依從，但若僅僅強調外在自由，它的限制卻是明顯的。基於此，對外在與內在自由作一眞實的分野，同時強調兩者的個別價値，乃是必要的。

權威的類型與特質

由上可知，在一個民主的社會裏，人人爲自己做決定的「權利」與「能力」，實在是兩件完全不同的事情。有「權利」並不代表有「能力」，也不代表有反省、批判與自由、獨立的精神。所以人權與法治的保障雖然是民主政治發展過程中非常重要的指標，但法治卻只能保障個人的外在自由，而內在的自由與獨立的精神卻只有靠個人的努力與權威的啓廸，才能逐漸增進。從此點我們可以了解，在內在自由的層次上，權威的人物與思想是重要的促激因素。正如林文中所說（頁九六），在知識與人格的成長過程中，每個人必須學習與模仿在工作範圍內，他所信服的權威人士的具體行爲所展示的風格，才能有長足的進步。因爲，在學習的過程中，有許多抽象的規則，必須在與具體的實例接觸後才能體會。如果沒有權威可供接觸、學習與模仿，進步的速率一定是緩慢的。基於此，天才只有在有生機的文化環境裏，歷經琢磨，才可能成為天才。相反的，如果沒有良好的學術傳統與知識環境，缺乏權威的知識或人物（請注意，知識還是由人創造或發明的）做為導引，天才很可能會被荒廢的。

關於學術史上權威的地位與重要性，林文中已有討論，此處不論。但這裏要強調的是，權威是因為他的睿見而受人尊敬，進而為他人接受的。但沒有任何一個權威是可能被所有的人都接受的，所以權威與信服者之間的關係並不是僵固的，也不是一成不變的。舉例言之，對於當代的中國知識分子而言，有的人將孔子視為眞正的權威（如唐君毅），但有許多人則抱持強烈的批判態度（如胡適、吳虞）。另外有些人則是早年抱持反孔的態度，到中年或晚年後又轉而信服孔子。因此權威與信服者的關係並不一定是恆久不變的。權威可能是變動不居的，短暫的甚至可能會消滅的。（例如對許多五四時代的青年而言，孔子的「權威性」早已經湮滅了。）上述這種注重思想與信仰上啓廸意義的權威，在特性上，與張文所強調的制度化的「公共權威」相異甚鉅。事實上，用韋伯的三種權威型（傳統的、奇理斯瑪的、及法制——理性的）的分法看來，它倒與強調具創造性的、非制度化的、時效短暫的奇理斯瑪權威有甚多相類之處。不過在此處，由於未作明白的界定，我不願輕易的用「奇理斯瑪」一詞來指涉這種以人的因素為重、富創造性的，對內在自由有深刻啓發意義的權威。但我仍要強調這種權威與法制權威之間的差異性。以學術界為例，「法制——理性」的權威，若訴諸經驗的指涉（根據韋伯的觀點，這些經驗指涉只是相類於他的理念型標準，而不可能完全相符），大致上可包括下列幾項：做實驗與做研究的步驟及程序；學術規範及原則（如學術獨立、理性溝通、學術眞誠、不准剽竊等）；升等、酬勞或待遇的制度及規定；引註、論文格式與發表程序上的有關規定；訓練學者的過程及規定（如碩士、博士的資格、修業的期限）等。這些「法制——理性」範圍的權威所具備的功能，是維持了制度的穩定性，在學術界中扮演起交通警察角色（如博士論文格式不符就可能會遭審查委員會退回），它的重要性自然是無可否認的。可是如果我們以為只要建立起了這種「法制——理性」的權威，則獨立的精神、內在的自由與學術的增進就能得以確保的話，那麼就未免把問題看得簡易了。事實上，用孔恩（Thomas Kuhn）在《科學革命的結構》（*The Structure of Scientific Revolutions*）中，使用的「典範」（paradigm）觀點看來，學術的發展，正是由深具原創力的學者，在繼承學術傳統的基礎上，對過去該學科內的權威觀點加以深思、反省、批判而最後有所突破的。在他們的努力下，過去的「權威」觀點受到了嚴格的挑戰，最後終於被他們所提出的另一套典範所取代（因而過去的「權威」也就不再成為權威了）。但是在這些深具原創力的學者學習、思辨與創造的過程中，他們必須要靠一個富生機的傳統架構才能進行。換言之，他們必須要有許多權威的知識資源可供援引才可能有所創獲。當然，就外在的制度層面而言，對學術自由與個人人權的維護，也是非常重要的條件。但我們卻可了解，在這種創造的過程中，是以「人」的因素爲重的權威，而非法治的權威，提供了直接的創造的動源。由此我們可以了解，在學術與思想上所指的權威，與政治學所研究的「公共權威」，實有性質上的基本不同。

但是，從權威的原意看來，學術權威的特性正好彰顯了權威與權力、強制力等概念的差異。根據彼德斯（R. S. Peters）的觀點❹權威所表示的是無需訴諸武力、賄賂或宣傳所產生的服從。在這種情形下，當我們說一個人具有權威，是指他以武力、威脅、宣傳等手段以外的方法來執行權威。因此，權威不同於權力及強制力，而且正是惟有在權威喪失時，才有必要訴諸權力或強制力，以確保他人的服從。換言之，一個憑藉武力、權力或外在壓制才能逼使他人服從的所謂權威，並非真正的權威。而所謂的「向權威挑戰」或「反對權威」等說詞，若非語言及概念上的謬誤，則必然是指所謂的權威已經不具備權威性，或者是指權威的

❹ 見 Anthony Quinton ed, *Political Philosophy*, 1967, P. 83.

地位已開始動搖了。換言之，一個被挑戰或證明已失敗（或無能）的權威，將不再成爲眞正的權威。如果他要藉着權力或壓力逼使人們繼續服從，則必然成爲假權威，也就是所謂的自由之敵。

在學術或知識界中，此一現象尤爲明顯。如果一個學者或學術界領袖，在一門學科領域內有了獨到的創獲，並且受到其他學者的敬佩、景從，他的權威地位將逐漸形成。但是若是有同時代的人或後繼者超越了他的成就，則原有的權威地位勢將衰頽，最後則是拱手讓人。這段權威持續的時間長短不定，影響力的大小也因人而異。在自然科學界中，愛因斯坦是當代顯要的權威，至今地位未衰。在社會科學界中，則鮮有人能夠比擬。過去美國社會學界中以帕深思最爲巨碩，帕深思學派控制着各大學社會系，但今天他的地位早已受到無情的打擊，成爲明日黃花了。這說明了一件重要的事實：權威是強求不得的。卽使有再高的權勢地位，掌握着再多的基金和人事關係，只要假以時日，學術界中清明的理性與公開的溝通程序，終究要讓昔日的權威或當前的假權威拱手讓位的。因此，除非是在學術與權勢及外在壓制混淆不清的環境裏，會產生「假權威壓人」及「打倒權威」、「反對權威」等說詞外，眞正的權威絕不應構成對學術自由的威脅，自然也就不會有憑空想反對權威這樣的現象發生了。事實上，學者也的確不應該（也不可能）憑空的去反對或挑戰既有的權威。只有在個人不斷的努力及通過權威啓廸的基礎上，後繼者發現了旣有權威的限制及漏洞，進而提出批判、修正，才可能向權威提出挑戰，進而取代之。因此權威並非一成不變的，它是靠成功及說服力來建立它的地位。換言之，權威必然是心安理得的。

但是，由於一般人的創造力、毅力及機緣都是有限的，因此在學術及知識領域裏，一般人對學術權威所能懷疑及否定的能力必然甚爲有限。唯有當深具原創性的人物（或天才）出現後，經過他個人的努力與非凡的創造過程，在學術傳承及旣成權威啓廸的基礎上，乃有突創的知識成就產生。進而取代舊有成爲新的權威。這種形態的權威的產生，並不是單單憑藉「法制——理性」權威的保障就能獲得的。相反的，唯有豐富的學術傳承和敏而好學的知識環境，以及充分的權威資源（指人物、著作或研究）的啓發，才有可能使天才人物在努力中獲得突破，進而躍升爲新的權威。但此一創造、突破的過程，實有相當的神秘性，試想，爲什麼在愛因斯坦同時代那麼多科學家中，大家都承受着相同的或相類的學術訓練，同時也都強調要培養獨立的批判精神，也都期待有所創造發明，但是卻唯獨愛因斯坦能發現「相對論」呢？就愛因斯坦個人獨有的「原創性」這點來講，無疑是相當神秘的。因此，若用韋伯對奇理斯瑪權威界定時所強調的「神秘魅力」這點看來，宗教型的奇理斯瑪權威，與知識界中具原創力的學者之間，實有着一些重要的類似性。因此，雖然爲了避免混淆，在上文中我一直避免使用「奇理斯瑪」一辭，但在意義上的相類性，卻是非常明顯的。（這一特性將在後文中作較深入的討論。）

我對張文中有關自由討論的另一項意見，是自由主義傳統中無所謂「內在」與「外在」自由的分法。誠如張文所說，在西方自由主義傳統裏，非常重視外在自由，而且認爲無外在自由則內在自由卽失去意義。但我同時必需指明的，自由主義傳統也對此二者的分野非常重視。關於這點，張佛泉先生在三十年前的名著《自由與人權》第二章中，就有明晰的說明⑤。

張佛泉的觀點

張著說：「人們所謂自由，實可分析爲兩種『指稱』或『指謂』（designation），一種指政治方面的保障，一種指人之內心生活的某種狀態。這兩種『指稱』亦可說是兩個獨立的『意義系統』，前一種指稱下的自由則是遠較爲複雜的，它不只代表『自由意志』。凡是

⑤ 根據臺北全國出版社，一九七九年複印版。

自發的、主動的、內心的自由生活或理論，都可包括在後一種指稱之下……」。

「本書乃以政治理論爲範圍工作，故只以第一指稱下的自由爲主題。」

當然，任何人都可以輕易的指出，張佛泉是一位中國學者，他怎能代表西方自由主義的傳統呢？但是在學術的討論上，任何人都有權利依照他所根據的學術傳承，作合乎此一傳承的分析、界說與申論的。在後文的討論裏，我將引述席爾思對韋伯理論的引伸，其中有許多話都是韋伯生前不曾說過的，但我們並不因此否認席爾思在學術傳統上是與韋伯一脈相承的。同理，張佛泉先生的界說並不一定要從西方自由主義經典中直接引述而來；但只要它在內容上是合乎事實，合乎西方自由主義的傳統，我們就承認他的說法乃是奠基在這樣的傳統之上。在《自由與人權》第三章第三節中，張氏卽指出以洛克、翟斐生、斐因爲代表的自由主義「人權派」思想家，很早就能將「內在自由」與「外在自由」分開來（只是未能說得十分清楚），而由於此一觀念的正確性，使得他們成爲近代史中的生力軍，對近三百年西方的人權運動貢獻殊大。（見張著，頁四二至四九）

因此，雖然我不知道林毓生先生在行文之前是否參考過張佛泉先生的著作，但他卻不必引述張著而仍然可以作「內在自由」與「外在自由」的界說，同時我相信由於林先生的思想史的背景，他是不必受到政治學背景的限制，只以討論「外在自由」爲旨的。另外，我也相信以張明貴先生研習政治學與政治理論的角度出發，對於「內在自由」的討論卽使可以置諸不顧，但卻不必排斥或否定這種分法是的確存在，而且有效的。

事實上，以張佛泉先生做爲政治學者的立場看來，了解政治理論的長處與局限都是重要的。承認這種局限，並無損於政治學與政治理論的重要性。而且張佛泉先生的睿見，正可從他對「外在自由」（第一指稱）與「內在自由」（第二指稱）的初步分析上看出。張著中指出了下列五項：（頁一二）

第一，兩種指稱下的自由，實構成各具獨立內容的意義系統。

第二，第一指稱下的自由係具有十分確定的意義。

第三，第二指稱下的自由之意義從來沒有公認的標準。

第四，過去關於自由的大爭論，多半是以第二指稱下的自由爲主題，更有許多誤解和弊端的發生，均由於不知辨別這裏所分的兩種指稱。

第五，兩種指稱辨別之後，不但可以澄清過去關於自由的許多觀念上的混淆，並可由此解答好些有關自由的實際問題。

上述的五項分析中，以第一、第四和第五這三項最能回答張明貴先生的問題。而第三項所指的「內在自由」的標準問題，卻成了林毓生先生做分析時所需克服的重要障礙。林文中對此所採取的對策，則是以社會科學中所通用的「理念型」（ideal type）方式，爲「內在自由」做了下列的界定（頁九八）：「如果一個人的內在意識被怨恨、恐懼與無知所佔據，無論外在自由的架構多麼完美，他仍然是完全沒有自由的。一個人只有他在對生命有清楚的自覺，對生命的資源有清楚的自知的時候，才能發展內在的自由。換句話說，一個人依據生命的自覺及對於生命的自知，才能以自由意志去追尋人生中道德的尊嚴與道德的意義。」

韋伯的理念型

林文的定義究竟是他自己所下的，或者是有其他的根據，並未明述。但他做界定的方式則很清楚是來自韋伯的概念。韋伯在他的許多著作中都一再提到「理念型」或「純粹型」（pure type）這些概念。在《社會科學方法論》（*The Methodology of the Social Sciences*, 1949）一書中，韋伯就明白的指出（頁一〇二至一〇三），理念型乃是抽象的觀念。雖然現實或歷史的事件無法完全合乎理念型的條件，但理念型卻有相當大的啓發（heuristic）價值。韋伯也指出將理念型與現實混雜在一起的危險性。他舉馬克思主義爲例，指出馬克思的法則（laws）雖然在理論上看來很周延，卻都是理念型。當用這些理念型來評估現實的情況時，是顯明、獨特而有啓發意義的。但是，如果將這些理念型也視爲在經驗上有效、眞實的趨勢或力量的話，那麼它的影響也就有害了。

韋伯在分析「權威」時，也用理念型的概念將權威分爲「傳統的」、「法制——理性的」和「奇理斯瑪」的等三種。他還舉出許多不同的「純粹型」的指標做爲釐清此三者的根據。同時他也提醒讀者，在歷史上並無法爲這三種權威的「純粹」型式找到例證。但我們卻不因爲這個原因而放棄試圖在概念上找尋最接近的型式❻。

如果我們將韋伯的概念拉回林文爲「內在自由」所做的界定上，自然也很難在古今中外找到幾個人是完全合乎「內在自由」條件的，但我們並不因此而否認這種「理念型」的意義。相反的，這種分析方式卻使我們獲得許多啓發，並根據「理念型」所提供的指標，對現實或歷史的例證做分析與評斷。但是由於林文並未特別強調它的界定乃是根據「理念型」概念所作的，結果導致了張文中的誤解，張先生認爲「這種強調精神境界之超脫的自由觀念，或許可以做爲知識分子自勉勉人，修身養性的標準，但以此來衡量人類自由，恐怕古今中外

❻ 見 M. Weber, *Economy and Society*, Berkerley: University of California Press, 1978,P. 216.

沒有幾個人是自由的。」同時，這也進一步導致張文的結論之一，認爲林文對「自由」的界定，已超出五四時代以及源自西方自由主義者的自由觀念與主張。張文並且忖測林文的自由觀念似乎是以十九世紀古典自由主義思想爲主，而另外又混合了新自由主義、道德理想主義、唯心主義及神秘主義或玄學的色彩。

「典範」的特質——孔恩的觀點

關於這種臆測的功過是非，不在本文討論範圍之內，但我必須指出的一項事實是，張文指林文中因用了「普遍的與抽象的秩序與規則」這一命辭，便帶有「神秘主義」與「玄學色彩」，實是因張文未能依林文論式的推展去了解林文所致。事實上，林文先提示不由政府加以指導的自動自發社會秩序，是最有效率的社會秩序，並認爲這一事實以海耶克的論著解釋得最爲透徹。接着它解釋這種秩序需依靠「普遍與抽象的規則」才能產生，進一步，它指出：「所謂『普遍的』，是指規則的應用不分等級，一視同仁；所謂『抽象的』，是指規則沒有具體的目的，也不能加以形式的明確說明。」(頁九五、九六) 最後，它引用博蘭霓的觀點，強調這種沒有具體目的的規則是在與具體的實例接觸中得到的。由上述的論證可知，林文的論式並無神秘主義或玄學的色彩。而且，根據近年來西方以及國內學界對海耶克、博蘭霓及孔恩等人觀點的討論看來，林文所根據的這些思想來源，也無神秘主義傾向。而根據孔恩自己所說，他的「典範」觀念是源自博蘭霓的哲學，而且他也強調典範的形成需與具體的範例接觸，它也是無法加以形式地明確說明的❼。事實上，孔恩自己就明白的指出，新典範的雛形有時已預示在非常（extraordinary）科學所賦予的異例結構裏，而且往往是不能預先見到的。他反對實證主義的說法，認爲眞正的知識只能是經驗的陳述，科學知識的發展，只是量的增加和累積的過程，相反的，孔恩認爲，科學發展基本上是一個革命性的過程，是受典範影響、主導及發展的歷程，而且這些典範都受到哲學思想的影響，因此實證主義所謂不受任何觀點影響或絕對客觀等說法，基本上是站不住腳的。孔恩並且指出，典範的出現也是無法言詮的，他說：「新的典範是突然出現的，有時是在深夜裏，在一個處於危機深處的人心中，這個（典範出現）最後階段的性質，仍是無法了解（inscrutable），而且可能是永遠無法了解的。」（頁八九、九〇）從實證主義與科學主義的觀點看來，這樣的「典範」觀念夾雜着神秘的特質，自然是無法接受的。同樣的，對於「普遍的與抽象的規則」這種命

❼見 Thomas S. Kuhn, *The Structure of Scientific Revolutions*, 1970, P. 44.

辭，自然也會抱持懷疑與拒斥的態度了。此處，由於討論題旨範圍的限制，我不準備繼續申論，但我相信從實證主義觀點，將其他深邃的觀念簡單的視爲神秘主義或玄學的說法，事實上是不必要的。因此，張文中「神秘主義」或「玄學色彩」之類的用詞，也是應儘量避免的。

事實上，從本文中對「內在自由」與「外在自由」兩個概念的分析，以及對「理念型」的討論後，許多誤解與歧異應該是可以消除的。至於林文中對於「內在自由」的界定，則仍有討論的餘地。雖然此一界定在林文脈絡內是頗富重要性的，而且對於當代中國思想、文化困境的了解，也極富深意。但是正如張佛泉先生所指出的，由於「內在自由」的層面是複雜的，定義是分殊的，因而對於林文有關「生命的資源」、「生命的自覺」的著重點，也會有許多人抱持不同的看法。這些看法，透過不同的學科、專長和思考角度，在不同的時空環境裏，還會衍生出不同的解釋，自非本文的能力與篇幅所可涵蓋。但可以確定的是，透過林文對「內在自由」、「外在自由」的釐清，許多當代中國文化思想問題的癥結，已漸顯露出來，奇理斯瑪的意義與角色，尤爲其中的一個重要課題[8]。

---

[8] 由於「內在自由」在層面上的複雜性，本文主要只就學術知識的發展做討論，而不涉及林文所強調的道德層面。

自由、權威與奇理斯瑪

——權威問題系列討論之二

引言

在〈自由、權威與韋伯思想〉一文中，我曾就林毓生先生、張明貴先生的幾篇文字的思想關係做了一番討論。本文將繼續該文的論點，就韋伯思想在當代的討論與解釋，及席爾思、費德立克等人的觀點做一申論。

奇理斯瑪的特質

依據韋伯的原意❾，奇理斯瑪是指一個人具有非凡的特質，因而被他人認爲賦有超乎自然、超乎常人（superhuman）或至少具有非凡的力量或特質。這些力量或特質是常人所沒有的，因而被視爲具有神聖的來源或被視爲範例（examplary），在這樣的基礎上，這些人乃被他的從徒視爲他們的「領袖」。韋伯在此處指出，當界定奇理斯瑪時，重要的是去了解爲什麼這些領袖會被他們的門徒或追隨者視爲奇理斯瑪權威。韋伯就此提出了五點要項：

㈠奇理斯瑪的有效性（validity）是決定於服膺權威者對奇理斯瑪特質之存在的承認。當領袖的非凡特質被證實爲眞後，服膺者就會自由的承認之。這種「承認」，從心理的角度分析，是個人對奇理斯瑪權威全心全意的信仰，它可能是源於熱情，也可能是由於渴望或希冀。

㈡如果領袖的非凡特質許久無法印證；或者領袖長久未再能成功；或者，如果上帝或神祇對他不再顯示特別的照拂；或者，他的神秘力量或英雄力量不再出現，最重要的是，如果他的領導對他的追隨者再也無所助益，那麼在上述的各種情況下，奇理斯瑪的權威就要消失了。此處，韋伯以中國的帝制爲例，指出在中國，帝王亦稱「天子」，根據世襲制度以傳遞

---

❾ 見 Max Weber, *Economy and Society*, Univ. of California Press, 1968, Pp. 241-245.

他的神聖性。但是當國家有重大的不幸事件發生時，如戰役失敗、災異發生或天有「異象」（如月蝕）時，帝王的神聖性面臨了挑戰，這時帝王往往採取「罪己」甚至遜位之途，以服天怒。這說明奇理斯瑪特質對帝王的領袖地位之重要性。

㈢由奇理斯瑪權威與他的從徒或追隨者，構成了一個奇理斯瑪的團體（charismatic community），他們彼此的關係建立在情感基礎上。這些從徒並非其他權威系統（傳統的或理性法制的）下的官吏，他們無所謂任命或解任，也無所謂職業、任期、升遷等，自然也沒有所謂的階層（hierarchy）的劃分。他們沒有薪俸或聖俸（benefice），只是服膺奇理斯瑪的權威，執行著個人的使命。

在奇理斯瑪的團體中，並無既成的行政機關，也無正式的規制系統或抽象的法治原則，因此也無理性的法律決策過程。奇理斯瑪權威與理性權威，（尤其是科層 bureaucratic 系統的權威）及傳統權威，（無論是家長制、世襲制或遺產繼承制等變形）是迥然相異的，因為後兩者都維持著日常化的支配體制，而奇理斯瑪卻不受理性規則的束縛，也不受過去的習慣所約束。在這層意義上，奇理斯瑪的權威是頗富革命性的。只要奇理斯瑪的權威特質繼續存在，受到他的門徒或追隨者的承認，他就會繼續存在。

㈣純粹的奇理斯瑪權威是不考慮經濟條件的。它只談「感召」、「使命」或「精神任務」。就純粹形式而言，它反對就神聖的天賦（the gifts of grace）作經濟上的利用，藉以獲得經濟上的收益；但是這多半只是一個理想而非事實。奇理斯瑪並不總是放棄財產或利益，甚至有的英雄武士（heroic warrior）還積極的尋求戰利品，有些奇理斯瑪的政治領袖也需要物質性的財產。但是，與傳統型或法制—理性型權威的日常性活動比較起來，奇理斯瑪型權威卻反對介入日常性的或慣常性的經濟活動。不管奇理斯瑪權威與他的從徒是經由那一種方式（奉獻、捐贈、賄賂、乞討等自願方式，或掠奪、勒索等強制方式），獲得維持生活需要的資材，但他們卻都是採取非一般性（irregular）和非系統化的手段。

㈤在傳統權威的時期，奇理斯瑪是大規模革命力量的來源。與其相似的是來自外在的「理性」（reason）的革命力量，這種力量會轉變生活的處境及其所衍生的問題，最後則會改變人們對這些問題的態度，或者使得個人獲得了意識的啓迪；另一方面，奇理斯瑪則會因人們的苦難、衝突或熱情而造成主觀的，或內在方向的重整。它可能會繼而導致中心價值和行動導向的激烈調整，使得對於世界上各種不同問題的所有態度都面臨了完全新的轉向。在理性權威形成以前的時代裏，傳統以及傳統之間的奇理斯瑪幾乎已涵蓋了全部的行動導向。

綜合上述各點，就奇理斯瑪的純粹特質而言，它是與日常性的規制結構無關的，它是個人性的，基於奇理斯瑪人格特質的有效性而存在的。當領袖的非凡特質消失後或經不起考驗時，奇理斯瑪權威也就不存在了。從此點觀之，韋伯指出，奇理斯瑪權威乃是不穩定的。它最後將轉變成爲傳統型的或理性型的權威，或是兩者的綜合型。

但奇理斯瑪權威卻可能會從一個純粹型轉變爲固定的規制（routinization），韋伯指出，這種轉變是由於兩項原因：

第一，基於理想和物質的利益，促使奇理斯瑪團體中的從徒們繼續保持著他們的活力，使得團體得以持續下去。

第二，在組織發展下，負責行政的從徒或成員間，由於有更大的理想和物質利益，使得他們的關係仍然得以持續下去。在這樣的情況下，他們在團體中的地位乃變爲日常性或制度化的。

在上述的轉變下，奇理斯瑪權威就會依附在其他兩種權威的形式上，而變成制度化的了。我們乃稱其爲奇理斯瑪的規制化（routinization of charisma）。

但是這種規制化的奇理斯瑪，雖然已不具備原先的純粹性，仍然透過許多不同的方式繼續延續它的奇理斯瑪權威。譬如在西藏的達賴喇嘛，就是利用尋找合乎其規定的神異孩童，來世世代代延續其體制的。另外如羅馬教皇的繼任制度、主教的加冕制、古羅馬執行官的任命與中國的同宗繼承制等等，都是採取不同的方式，使奇理斯瑪權威得以傳遞的。在此韋伯還對世襲的（hereditary）奇理斯瑪、職位的奇理斯瑪（charisma of office），奇理斯瑪領袖選擇繼承人制等，作了分殊的界定。但即使是通過比較文化的觀點作引伸，韋伯對奇理斯瑪的討論主要仍是局限在政治、宗教或武功的權威人物身上。他所討論的觀點與範疇相當複雜，舉證則相當廣泛；但是奇理斯瑪的特質卻是未離其宗的。也就是說，就純粹意義而言，奇理斯瑪的特質必須受到考驗，必須是純眞的（genuine），必須是信服者所承認的。即使是規制化的奇理斯瑪權威，附緣在其他制度性的權威形式之上，也必須多多少少合乎上列的要求。前述中國帝王深懼天譴的例子，便證明了即使在傳統型的權威體制中，奇理斯瑪權威的特質仍是存在的。韋伯在他處也討論到奇理斯瑪與法制—理性權威的關係（見《經濟與社會》，頁二六七至二七一），他指出許多奇理斯瑪的領袖（如政黨領導人），藉由選舉或大衆投票的表決方式，使其權威地位獲得了民主形式的肯定。不僅如此，許多行政官員也經由選舉任命的方式（韋伯舉美國的民選官員爲例），而非一般的科層（文官）制，以進入政府體制。這些制度，都是奇理斯瑪權威在民主的導向中所衍生出的變體。這也說明了奇理斯瑪與理性—法制權威之間存在的關係。

除了上述的關係外，韋伯在見及西方社會日益走向過度理性化及科層化的危機時，也期望具有奇理斯瑪特質的政治領袖，能夠修正與彌補官僚力量的擴張，引導人民捍衞他們自身的權利，爲維護文化價值而努力。此一期許，若從一九六〇年代美國民權運動發展的趨勢看來，金恩等人的奇理斯瑪特質，正與韋伯當年的期待有若干相符之處。由此可看出，法制權威的改善，實有待奇理斯瑪權威的出現，兩者之間存在有積極的關係。

韋伯對奇理斯瑪的分析，雖然深具洞見，可是由於他故世太早（五十六歲）的關係，並未將其特性說得十分清楚。在當代的社會學者與社會思想家中，早年如帕深思（T. Parsons）近期如艾森斯達（S. N. Eisenstadt）、亞洪（R. Aron）、班迪克斯（R. Bendix）等人，均曾對韋伯思想作了許多釐清、補充或說明（班迪克斯並對於帕深思的說法做了許多批判）。芝加哥大學的社會思想家席爾思，也早在一九六五年三月，於《美國社會學評論》⑩上發表了一篇重要的文獻〈奇理斯瑪、秩序和身分〉（Charisma, Order, and Status），其中對韋伯思想的補充與探討，尤具深意。在林文中曾提及了席爾思的論點，正與此文深具關係。

席爾思對韋伯論點的補充

⑩ *American Sociological Review*, vol. 30, no. 2, pp. 199-213.

席爾思指出，韋伯解釋社會問題的中心論點，是要將非凡的或嶄新的過程，與一再重覆、周而復始的傳統和法制過程作一分野，也就是要將創造者、改革者與制度的維繫者予以區分。基於此，奇理斯瑪權威乃指涉創造者獲得合法性的權威（legitimated authority），而傳統的與法制的權威則是推動系統按照既有步驟，繼續運作的另一種權威型態。但是韋伯的用意不只是將非凡的、創造的、革新的、少見的（infrequent）行動與普通的、慣常的、一再重複的、經常性的行動作一劃分，也不只是對於由「偉大」的人格所孕生的行動，與由無特別個性（anonymous）的角色與規則所產生的行動，予以分殊的解釋。同時，韋伯也針對常人接觸奇理斯瑪的型態作了劃分與分殊。其中一種是強烈的、直接的接觸，另一種則是經由既成制度（規制化的奇理斯瑪）的功能運作，所產生出的次級的（attenuated）間接的接觸。韋伯將前者視為奇理斯瑪的眞正所在，而且認為前者與後者有本質上的差異。但是席爾思在此作了很大的補充，他認為上述次級的、間接的、制度化的奇理斯瑪傾向（propensity）是在社會中的慣常性功能上呈現的。亦即在社會上，奇理斯瑪的特質是普遍存在於一般世俗的（非宗教性的）角色、制度、符號和階層或人的聚合體（aggregates）之上的。換言之，奇理斯瑪不僅可瓦解社會的秩序，而且也有維繫與保存社會秩序的功能。在這點上，席爾思乃從韋伯的分析與定義出發，對韋伯生前所未仔細探討的世俗社會中的奇理斯瑪權威，作了重要的引申。

席爾思指出，一般人習慣上以爲，在非宗教的組織或機構中，除非是偶然，或是在轉型期間，奇理斯瑪會暫時的出現外，平常奇理斯瑪是完全不存在的。但是若從奇理斯瑪的特質看來，它是指具有原創力，或非凡特質以及受人承認與景仰的個人，這些人具有改革或推動制度改變的能力，亦即具備了建立秩序的能力，因而從引申的角度看來，奇理斯瑪乃是指以其原創力在一定範圍內建立秩序的權威。因之，席爾思指出，奇理斯瑪並不僅限於宗教的啓示型人物。事實上，舉凡科學的發現、倫理的傳播（promidgation）、藝術的創造、政治與組織的權威，乃至各種形式的天才等，都可歸屬於奇理斯瑪的範疇內。從這層引申面看來，奇理斯瑪乃指涉著具有生機的、「嚴肅的」(serious)、終極符號（ultimately symbolic——意指牽涉終極關懷的符號，如對人生死、宗教等的解釋）的各種活動，而其中神聖性（divinity）的來源則有許多不同的形式；或是與神聖來源的接觸，或是具備神異的特質，或是具備神魅的力量（magic power），不一而足。至於富生機的、「嚴肅的」活動，則途徑甚廣，諸如經由沈思的智慧，科學的洞察，藝術的表達或者經由有力的、深具信心的現實改造行動等都可達成。因此，席爾思明白的指出，一個人由於他的敏銳性，經由實際與經驗的陶冶或訓練，或者是經由理性控制的觀察與分析，或者是直覺的透悟（penetration）、藝術的啓發等，而接觸到了（或者被其他人相信已接觸到）現實中具「生機的層次」（vital layer），那麼由於這種接觸本身的奇理斯瑪特質，這個人就成爲具有奇理斯瑪特性的人物了（見頁二〇一）。

就人類整體而言，絕大多數的人由於秉賦不足或缺乏機會來發展他們相關的能力，並不能夠這樣深刻的接觸到這個富有生機的層次；但是雖然無法達到這樣的層次，他們卻經常或間歇的，透過文字、行動與各種成果而接受了少數已接觸到此一層次的人所展示的具體風範。經由文化的傳播，許多人因爲與這種奇理斯瑪權威的接觸，使得他們原先在資源上的貧弱得以改善，對世界的認知也得以強化。從此點我們不難了解，文化、傳統與權威的關係乃是密切的。一個缺乏深厚傳統的文化環境，是不易產生眞正權威的。

席爾思進一步地就奇理斯瑪權威建立秩序的特質做了詳細的討論。他以科學的發展爲例，指出科學的發現和神學的啓示一樣，都有其律則（imperatives）。在科學方面，科學的途徑（scientific way）和科學的態度對科學研究的秩序建立是重要的。同樣的，對上帝的虔敬也對神學上的建立宗教秩序甚爲重要。推而廣之，在人文學與社會科學方面，形上學、歷史哲學、政治與道德哲學，甚至社會學等，都在尋求建立一個連貫、持續而公允（just）的秩序。而在世俗的社會裏，憲法與法治的系統，有效的政府制度以及道德的原則等，也提供了這些建立秩序的功能。由於在民主國家中，憲法乃是根本大法，也是政治、社會上最具決定性的通則，所以重要性尤不容忽視。席爾思指出，在美國各行各業當中，具備奇理斯瑪特質的職位裡（包括大法官、州長、議員、核子物理學家、醫師、學者、科學家、市長等），負責解釋憲法的大法官最具指引（instructive）的作用。但我在此處必須強調的是，上述這些職位，雖然具備了建立秩序、發揮創造力的功能，因而可能有比較大的機會發揮奇理斯瑪的特質，但是實際擔任職務的人是否眞能有相應的表現，卻是另外一回事。譬如，二次大戰後美國歷任總統中，從甘迺迪到卡特，各人的奇理斯瑪特質就呈現極大的差異。甘迺迪極富盛名，而卡特卻顯得庸庸碌碌。然而，就嚴格的角度而論，甘迺迪的奇理斯瑪特質也是不易經得起歷史考驗的。就此點而論，對美國當前社會產生深遠影響的政治人物中，倒以當年推動民權改革的幾位大法官的權威地位最爲穩定而持久。這當然與他們個人的人格特質與職位的特色均有關係。

在奇理斯瑪權威與民主法治的關係上，席爾思特別強調自由、民主、共和與絕對專制、君主體制的差異。在理性——法制的體制中，奇理斯瑪並不會像在傳統、世襲、專制體制下，將權力集中在掌握中央角色的人物身上。相反的，奇理斯瑪是非均等的（unequal）散布在各種角色與規則的階層體制之上，位階越高，越接近中央角色的職位，所掌握的奇理斯瑪越大，反之則遞減，這乃由於奇理斯瑪是自然地依附在建立秩序的主要角色上面。因之，席爾思指出，唯有奇理斯瑪的人物能掌握權威與資源，以創造新而有力的制度（見頁二〇七）。奇理斯瑪權威的改革性與創造性角色，也於此可見。

初步的反省

基於上文簡單的引述，我們了解從韋伯到席爾思，奇理斯瑪的意義與指涉已有了相當程度的擴張，這勢必引起人們的質疑：到底奇理斯瑪的神魅特性指的是什麼？到底奇理斯瑪在當代中國具有什麼意義？而研習社會科學的讀者可能更想知道，到底我們要怎樣將這些觀念運作化呢？這些問題，事實上也正是張明貴先生文中所質疑的焦點之一，必須從下列幾個方向分別著手探討。

首先，就韋伯與席爾思的界說而論，雖然經驗的指涉已有相當程度的擴張；但就奇理斯瑪具備神秘魅力或神秘資源、富創造性或改革能力，以及建立秩序等特質看來，韋伯與席爾思對奇理斯瑪的認定乃是相通的。但是韋伯在分析與舉例時，主要是限定在幾個有限的層面上，而席爾思卻將其擴張至現代的學術、社會、道德等許多其他層面，使得一般人在常識上的「奇理斯瑪」指涉已擴張甚多。但是若從韋伯所說的奇理斯瑪的規制化這點看來，我們可以獲知席爾思的分析確實是有其源頭；而且也使我們在援例運思時有更多的參考與憑藉，對現實中的奇理斯瑪角色作更清晰的掌握。

但是，從宗教爲主的角度擴張到其他的範疇，卻無可避免的面臨到「神魅特性」究何所指的問題。宗教體驗是神秘的，這點大部分的人都無疑慮，但是若說學術的權威、政治的領袖、道德的宗師也具有神異魅力的話，很多人則不抱此想。尤其是從實證主義的觀點看來，學術知識的追求正是人類理性與智慧的擅場，強調學術權威的神秘性，不啻爲非理性、開倒車的作法。但是，這種觀念事實上忽視了兩項重要的因素，即知識的多元主義與原創性的神秘性。

韋伯和席爾思都曾指出，權威的神秘魅力或與「生機層次」的接觸，並不是無所不包或無所限制的，事實上奇理斯瑪的特殊能力只是局限在有限的專長領域裏，而由於人們對奇理斯瑪的信服是基於眞心的承認，因此，神魅特質或創造性一旦消失後，純粹的奇理斯瑪也就無由存在了。在這樣的前提下，我們若訴諸經驗的指涉，就可看到多元化的重要性。在現代學術分工的情況下，一個研究西方社會思想的權威，很難（但並非不可能）同時成爲一個印度或中國思想的大師；換言之，他很可能是前一門學問的權威，但在另一行中，卻只是一個學徒的角色，或者根本就是門外漢。因此，一個學界的奇理斯瑪權威，通常只在很有限的領域裏與「生機的層次」有所接觸，他的神秘性並不一定是在他的道德、人格等方面有特別的長處，而可能只是由於他個人的不斷努力，對他自己的專業領域，產生特別的洞見與創造力，因而展示了他在專業學術上的原創性。就創造性或原創性這點分析，他之所以能超越其他人成爲權威，除了特別的機遇、資源與努力外，還有許多我們無法言詮的原因。肯定理性萬能的人，一定對這種說法感到不滿，但事實上，人類理性的發展，相對於整個宇宙時空而言，仍是非常有限的。在我們的環境裏，有許許多多不可知的神秘現象存在著，而學術發展雖然是理性運思與擴張的過程，但就學術本身的創造根源，何時會創造，因爲什麼因素而創造等這些問題而言，卻仍是不可知悉的。我們常聽到一句話：「我突然想通了」，我們可以解釋爲什麼自己這樣想，而不那樣想，也可以解釋自己整個思辨的歷程，但是卻無法眞實的解釋，爲什麼會在那樣的時空條件下獲得「靈感」（請注意這兩字的原意），才得以想通了問題。同樣的，在學術發展史上，有許多重要的困結雖早被同行的學者所共同意識到，但卻只有具原創性的個人，能夠獲得靈感與啓示，捷足先登，通過這些創造而使他們獲得了權威的地位。就這層面言，學術的創造發明與宗教上的啓廸一樣，是具備著某些神秘特質的。

其次，就中國的環境而論，由於多元社會尙未形成的關係，角色的普泛現象仍然甚爲常見。譬如，在世界中，「經師、人師」的要求，雖然是傳統價值的高遠理想，但在實際的運作上，卻往往造成角色上的混淆。許多人出於功利的考慮，或者未經深思熟慮，就將自己的師承賦予理想化與神秘性的彩飾，結果反造成了許多不必要的綺想，也形成許多僵化的假權威，造成了學術發展上的障礙。但是這些現象形成的原因，基本上還是由於我們缺乏眞正的權威，以及對「權威」的誤解所致，用韋伯與席爾思的分析看來，則是缺乏比較多禁得起考驗，具備眞正原創性的奇理斯瑪。在此處，奇理斯瑪乃是指許多具有改革與創造能力的人物，他們憑藉著自己的特殊能力，或者由於職位與環境上的便利，有所創造，而得到他人的服膺與景仰，並在一定範圍之內建立起新秩序。但是，由於奇理斯瑪的概念本身是中性的，從價值的角度看來，他不一定會產生我們所期待的影響。因此，如果我們期望眞正奇理斯瑪的出現，則前提必須是多元、民主與自由。由於是多元的，我們就不會對一個權威人物產生在他專精角色之外的期許，在學界中我們就不會要求一個中國思想史家談他所不熟悉的西方當代文化思潮，與第三世界思想發展等問題，我們也不可能有「官大學問大」的幻想。當然，談知識多元化的前提是社會的多元化，而這個條件在當前的環境裏，並不充分具備，也還有待中國人的共同努力，促其實現。

至於民主與自由，在張明貴先生的討論裏，多所提及，在林毓生先生的著作裏也多次深論（見頁一四至一七；頁九九；頁二七七至二九二等），我不必贅述。但唯一要強調的是，民主自由與建立理性權威雖是當前政治社會發展的主要目標，我們卻同時也必須了解到眞正的權威對內在自由啓廸的重要價値。基於此，雖然從現實的觀點看來，林毓生先生對奇理斯瑪的強調與分析會引起一部分人的誤解，但我們卻無法劃淸階段，要求別人必須等到民主自由體制建立後，爲避免「權威」再被誤用，才開始討論權威與自由的相輔相成的關係。而林文的遠慮，正可使我們警惕到現階段被沒有眞正創造力的假奇理斯瑪迷惑的危險。當然，就知識傳播的觀點看來，大衆的曲解、名詞的誤用等都是不可免的，因此，我雖然同意林文中的主要論點，也同意林文本身論式的有效性，但對張文的立場無疑是同情的。我覺得討論奇理斯瑪這種觀念複雜的名詞，在行文上要處理得當，而且使讀者不易誤解，本身是很困難的。因此，這類文字實宜發表在專業的學術刊物上，否則也應將引註、來源作淸楚的註解，使讀者得以根據引註的資料，仔細閱讀，也才能比較徹底的接觸到論證中的各項學理背景。從這裏，我們也可了解到當前一般中文報章介紹學術論文的局限性。在知識大衆化這點上，報紙的貢獻無疑是鉅大的，但在知識專精化與學術分工化的基礎上看來，這種傳播方式卻也造成一些觀念的誤解或誤導。當然，由於當前中文學術刊物還不夠普遍與發達的關係，這層困境短期內可能還不易解決。但由張文對林文產生的一些誤解看來，這層困境卻是中文作者與讀者所應注意與避免的。

再者，就奇理斯瑪此一觀念的推廣看來，我的態度無寧是保守與審愼的。根據上文對韋伯與席爾思的引述，我們不難發現在社會不同領域裏奇理斯瑪概念上的歧異性。雖然席爾思的引申頗富睿見，而且在他的文章中也是自我圓成，但就用於傳播這點而言，席爾思所作推論對現實的影響卻是非常的有限。雖然席爾思這篇文章早已成爲西方人文學與社會科學界中的重要文獻，許多學者都會用心的研讀，但在社會上流行的概念裏，尤其是新聞傳播界的習慣用法裏，奇理斯瑪仍然只是用來指涉少數的政治與宗教型領袖，如甘廼廸、金恩等人，而很少用來指學界中具有原創性的權威學者。因此，雖然我完全贊同並欽佩林毓生先生的嚴謹用心，就一些誤解的觀念做重新的釐清，也相信林先生在行文時是仔細與愼審的。但我卻也必須承認張明貴先生對此一名詞顧慮是有其道理，雖然張文中有些地方對林文的批評並不一定公允，但即使是誤解，也顯示了由林文引發的知識傳播過程中，的確是存在許多的障礙。這些障礙並不需要，也不應該由原作者來負責，但卻是原作者所需注意的。林先生在近年來曾仔細的介紹一些西方的重要經典作與其中的概念給中文的讀者，也曾對傳統與權威，以及中國近代思想意識的危機等問題提出深具批判性的洞見。這些貢獻固然令人敬佩，但從現階段的影響看來，卻已面臨了不少的障礙，雖然林先生的介紹與思索，以及「創造性的轉化」

的用心，早已超越了五四時代的俗淺粗疏，但是正由於五四以來俗淺粗疏的學風已成了當前傳統中的一部分，要克服這項當前存在的困境，也就特別困難。

在這方面，克服的途徑並不只是強調精讀、深讀就夠。同時，它還牽涉到整個學術系統和學術觀點的問題。就學術系統而論，由於知識分工與工商業社會的實利觀點，使得一般知識份子（「知識分子」在這裏是指以教育程度爲劃分標準，卽大學或大學以上教育程度者）在通識教育與基本經典知識上呈現著嚴重不足的現象。卽以近代社會科學中的重要權威來源，如韋伯、涂爾幹、曼罕、熊彼德、海耶克等而論，中文著作中的介紹就甚爲有限，譯著方面也甚爲稀少（有的名著則根本無複印本及翻譯本流通）要談眞實的了解自然更爲困難。西洋的權威來源不論，在中國學術與經典及中國問題的研究上，國內學界對中國歷史、思想、傳統資源及當代發展的研究，也往往不及大陸及海外學界來得精細。因此，無論是對原始儒家、宋明儒家、清代及民國的思想、社會、政治的發展，乃至當前的「中共研究」等，許多研究者都必須仰賴西文或日文的研究成果，這種奇特的現象，對於一個文明悠久的中國學術界而言，實在是值得深思與反省。如果連我們的「本土研究」都必須從翻譯外人的「中國研究」做起，更顯示了現實的困難是絕不容忽視。我提出這個老問題，和許多關切此一問題的人一樣，並無任何崇洋抑己的意思，但這卻顯示了林毓生先生面臨的一個重要的對象問題，亦卽在知識界對中西權威知識來源都甚感缺乏的今天，要介紹一個觀念複雜的問題，必須仔細考慮到中文讀者的心態與實際的困難。我個人的學力及才力都甚爲有限，並不能提出什麼高明的辦法，但我相信透過實例的解說、清晰的譯述，以及對引註來源和各相關問題的重要研究文獻做仔細的介紹，都是可行的途徑。譬如，以介紹韋伯思想爲例，直接精讀原典應是最佳之途，但對一般初學者而言可能就不免負擔過重。相反的，先讀班廸克斯或艾森斯達的引介再作深讀，在效果上可能更爲良好，但是這必須由有實際研究或教學經驗的學者開列整體性的書目，才能使初學者獲得入門的進階，循序進入堂奧。然而，在林毓生先生的著述中，對入門之途的考慮顯然有所不足，這也是我必須提出的第一項建議。

其次，就學術觀點而論，林文中對實證主義、工具理性，以及羅素、胡適等人的思想曾提出深入的批判，但由於這些批判並非行文中的最主要論點，使得在批判的廣度上略嫌不足。譬如，對實證主義做方法論及哲學基礎上的批評，而不述及更廣泛的對實證研究的探討，就缺少了對一般社會科學研究者的說服力。尤其是在國內學界汲汲於經驗研究與行爲調查的今天，這種批判尤其會使一些對哲學不感興趣的行爲科學研究者產生猜疑與反感。另外，對胡適的批判，若僅限於他的科學觀點、樂觀主義及歷史觀點，而不進一步對胡適的實際研究內容予以探討，那麼對於許多長期奉胡適爲圭臬的學者也缺乏深入的說服力。當然，我在前處已經強調，每個人的專精領域都是有限的，時間精力的偏囿，也無法使我們對自己行文中的論點做逐一的深入探討，但正因爲我們面對的學術環境是非多元化，知識來源也非常有限，任何新觀念的引介，以及對舊觀念的批判與反省，都需要考慮到傳播過程中可能的障礙。因此，單單是行文上的嚴謹，只能保證論式的有效性，卻無法避免傳播過程上的曲解。就前者而論，林文是令人敬佩的；但就後者而論，則顯然有所不足。誠如張明貴先生所說：「觀念是否會被曲解與利用，這已非思想家能力所及。」我相信張先生也會同意，林先生並不必爲傳播過程上謬誤而負責，但如果林文能對傳播對象的環境問題多做考慮，那麼這些精緻的文字所產生的效果必然是更爲積極的。

接着我將就權威與自由的相輔相成性，以及一些實際運作的問題，提出個人的意見。

權威與自由的關係——費德立克的觀點

從林文對權威及奇理斯瑪的嚴格定義看來，權威與自由是相輔相成的，而眞正的奇理斯瑪，不僅不會成爲自由的障礙，而且會成爲制度改革與內在自由的重要泉源。基於此，唯有肯定眞正的權威，揚棄素樸的反權威、反傳統的「解放」觀點，培護與建設一個富生機的、自由的文化環境，才是日後產生眞正奇理斯瑪的最大保障。但是張文中由於不願接受林文對「權威」的定義，認爲這樣將使政治社會學上重要的「權威」觀念，隱晦不清。張文認爲，除去了權威的強制力部份，雖然會使其與自由完全相容相合，但卻會使國家、法律等強制性權威，變成具文。關於此點，基本上是名詞的釐淸問題。著名的政治學者，哈佛大學的費德立克（Karl J. Friedrich）曾在《傳統與權威》一書⓫中指出，將權威與自由對立起來，實是由於對名詞界定上的混淆。他說，在這樣的討論中，「自由」往往是未加界定或做了錯誤的界定，而「權威」也與「權力」（power）和「強制力」（force）混淆在一起。這種混淆由來已久，費德立克指出，（頁七九），在穆勒氏（John S. Mill）的《自由論》（*On Liberty*）中，就曾將「權威」與「權力」混在一起，而且在歷史上對政府的抗爭中，權威、權力、合法性（legitimacy）這些名詞往往是混雜在一起的。當權者或革命者都聲稱自己的權威地位，以擴張他們的權力。但是，費德立克認爲，區別眞權威與假權威是必要的，但也是困難的。他指出，有的人將理性權威與非理性（nonrational）權威視爲眞、假權威的分野事實上是錯誤的，因爲許多眞權威是建立在宗教的或其他超理性（meta-rational）的基礎

⓫ Karl Friedrich, *Tradition and Authority*, New York: Praeger Pub., 1972, pp. 79-88.

之上，但是這些權威仍然具有理性的精緻化（reasoned elaboration）的潛力，而這種潛力正是權威存在與否的關鍵。通常這種精緻化的能力指的是智慧、洞見、知識、專家的意見（expertise）等，或簡而言之，卽知識上的卓越性（superiority）雖然許多人被認爲具有權威，但實際上卻是假冒的，而並非眞正擁有這項能力。因爲一旦這種能力被發現並不存在，權威也就立卽崩解了。爲了避免混淆，我在此處特別用「權制」此一名詞，代表在權威能力失去後，使用強制力的「假權威」。費德立克指出，自由與權威的衝突（clash），事實上往往指的是自由與權制（假權威）衝突（頁八一）。在歷史上個人與所謂的「權威」的鬪爭，經常是由於這些所謂的權威本身已不具備權威的能力了。因此實質上是個人與權制的鬪爭。費德立克還特別指出，權威本身是包含在眞理發現（truth-finding）和眞理狀態（truth-state）之上的。人類並無絕對的或整體的（total）的權威，因爲人類本身並不具有絕對的眞理或整體的理性。

費德立克還強調，釐淸自由與權威的關係，實有助於我們了解權制（假權威）的存在。在政治方面，許多被視爲具權威的體制或指令，事實上並不具備眞正的權威的能力。卽使是一般人相信這種能力是存在的，但在實際層面上並非必然。因此，費德立克認爲心理反應雖然重要，可是卻不是基本的（not of the essence），從這裏我們可以看出費德立克的說法與韋伯對奇理斯瑪的解釋並不相同，韋伯強調從心理上的「承認」角度觀察奇理斯瑪團體的現象，費德立克則認爲心理認同雖然是重要的，但事實上權威能力的眞實與否才是根本所在。因此，從歷史的眼光看來，許多曾迷惑當時代民衆的權制（假權威），經過考驗後，都失去了他們原有的魅力。當然，就對眞權威的強調這點看來，韋伯與費德立克的觀點還是一致的。

在費德立克的討論中，曾就自由的三個層面：創造的（creative）或革新的（innovative）；獨立的（independent）；和參與的，作個別的分析。他也就林文所提到的消極性自由與積極性自由作分殊的解釋（但他並未使用這兩個辭彙），而贊成採用積極性的界定。簡而言之，他認爲服從一個眞權威會使人們感覺自由，而服從一個權制（或專制，despotism）則會感覺不自由。他指出一羣人的獨立的自由，只有在由權威設定了自由的範圍後才得以維續。同樣的，這三個層面的自由，都只有在權威遍在（prevail）的情況下，才會有意義的存在著（頁八四）。只有在這樣的情況下，自由才是眞自由，因爲人們所享有的自由乃是受到具有理性精緻化能力的規則所限制。換言之，這些權威的規則是建立在說服（persuasion）而非指令（command）的基礎之上。因之，權威與自由乃是相輔相成的。

費德立克進一步指出，人們之所以誤以爲自由與權威不是相輔相成的，甚至是相尅的，除了本身對「權威」的誤解外，還受到了政治制體的影響。在民主憲政制度下，權威乃是分散的和多元的，換言之，權威的中心很多，而不僅僅是政府而已。但是在極權專制下，權威是非常集中而單一化的。在共產黨國家中，列寧、史達林、毛澤東在他們的隨衆中的權威地位是很高的，但在整個社會裏，他們的權威性卻可能甚爲薄弱，甚至由於完全不具備理性精緻化的能力，而使其權威性減歸於零。因此在一個強調單一意識型態主導的社會裏，對於不相信這套意識型態的人們而言，政府或黨的權威性乃是不存在的。這個時候，只有權制而無所謂的權威可言了。從這裏我們也可看出自由乃依附在權威之上，希特勒發動的戰爭，對強烈意識型態傾向的納粹黨員，是自由而充滿熱情的，但對其他人而言，他們在戰爭中不過是權制壓迫下的傀儡兵或奴隸罷了。

根據上文的引述，可以了解費德立克對韋伯觀點的補充是非常重要的。我們不僅要從心理認同的觀點看希特勒、列寧、史達林、毛澤東等及其徒從間的關係，而且還要從事實的層面，觀察在整個社會裏他們是否仍具備眞正的權威。在中國大陸，文革結束，四人幫倒臺後，毛的所謂「權威」形象已面臨了嚴重的挑戰，連帶的，對整個共產主義和共產黨的信心也隨之動搖導致信心危機。在西方，當年狂熱的擁毛派也開始懷疑毛的權威性，有些人甚至不得不公開承認昨日之非。這證明不管是由於盲目的狂熱或由於權力的壓制，使得權制或假權威得逞一時，但歷史的發展和人類清明的理智力量，終會鑑別出權威的理性精緻化能力，而使得權威與自由的積極關係重現天日，基於此，我深深佩服林文中強調只有「心安理得的權威」才是眞權威的說法，也非常同意張文所說「自由要具有意義，必須有法律或權威做基礎」的論式，但是我卻不能同意張文所說的「權威未必助長自由，有時甚至形成自由的限制」。因爲這時他所指出的乃是「權制」而非「權威」。或許有人考慮到在西方自由主義思想家中，曾有將「權威」觀念誤用的現象，甚至今天一般新聞使用的和流行的用法裏，許多人還將各國的政府一律視爲「權威」，但正因「權威」此一觀念被誤用久矣，我們特別有其必要對它的眞正意涵做嚴格的釐清。否則人云亦云，隨緣做從俗的解釋，勢將無以釐清我們自己的觀念。張文中曾舉柏拉圖、霍布斯、盧梭、黑格爾、馬克斯等人的觀念，認爲他們都曾強調保障與增進人的「眞正自由」，結果卻不得實現或者正適得其反。但在上述的的幾位思想家中，從嚴格的定義看來，卻沒有一個人是屬於自由主義範疇的。卽使是其他的自由主義思想家犯了類似的錯誤，當代的學者或思想工作者仍然有責任將其做一釐清。我想這樣的釐清也是張明貴和林毓生兩先生都會同意的。

自由、權威與當代中國學術文化發展

——權威問題系列討論之三

前言

在這一系列專文中的前兩部分，我曾就自由與權威這兩個觀念在西方近代思想中的一些討論，做了綜合性的引介，並就林毓生、張明貴兩位先生文章中相關的論點，做了比較仔細的檢討。在最後這一篇中，我將就這兩項觀念與中國當代學術及知識發展的關係，提出個人的淺見，以就教於讀者先進。

根據前文的討論，我們了解法制——理性權威的保障，雖然是西方自由運動史中的主題，但從維護自由、改善民主制度的角度看來，在肯定外在自由、人權保障與多元民主的前提下，我們還應努力於促進人的內在自由與獨立精神。但是，獨立精神的培養與內在自由的維護，卻不是從簡單的「打倒權威」與「反抗傳統」的角度出發，就得以濟事的。相反的，在民主、多元的基礎上，尊重權威、尊重傳統，並以批判的繼承方式開創傳統的新面貌、奠立新的權威，才是比較周全的考慮。也唯有在這樣的努力下，五四以來中國思想文化與學術的困境，才可能得以消解。

從漢學到中國研究

在比較文化範圍裏，文化的傳統與繼承是一個非常重要的比較課題。在中國三千年的文化發展中，由於連續性不曾中斷，而受到全人類的重視景仰。反觀在地中海沿岸的各古老文明系統之中，無一民族與文化能持續數千年而不輟。因而，當代西方學界有關古埃及、古希臘研究，常是從靜態的觀點出發，往往係對一個死滅的古文化作考古學、文獻學、博物館學等多重的探討。這種研究的方法與態度，也曾在二十世紀中期以前的西方漢學界興盛一時，甚至，還影響到一部分中國本土學界的漢學研究風氣。但二次世界大戰前後以來，西方學界卻逐漸發現這種研究方式的錯誤，因爲「古代中國」與「現代中國」兩者之間，不僅是在地理上佔據了同一位置，而且在民族與文化傳統上，還有非常基本的連續性。由於這一層的考慮及其他原因，使得傳統漢學的領域逐漸擴展開來，「中國研究」這個新興的詞彙便逐漸與「漢學」併用，甚至漸有凌駕之勢。就兩者的差異大略論之，「漢學」偏向古代中國與文、史、語言等研究；「中國研究」則主要探討當代與近代問題，並企圖應用社會科學方法對中國問題進行系統性的研討。此外，對近代中國思想、歷史、政治、經濟、社會制度的傳承及其變遷的研究，也漸漸構成「中國研究」的主題之一。

再者，就理論演變而言，中國研究與社會科學理論之間也存在著某種的對話關係。由於西方學界從一九六〇、七〇年代以來，對「現代化理論」、「結構—功能學派」等主導理論的強烈批判與反省，使得從西方本位角度出發的保守研究立場與方法，遭到了嚴重的挑戰。在這樣的學術發展背景裏，過去「中國研究」及「漢學」中的一些基本假設與前提，也在新的反省角度下受到了挑戰。譬如，過去研究中國近代史，基於現代化理論而發展出的「西方挑戰—中國回應」說，近年來就逐漸被新的「西方帝國主義論」及其他理論取代。另一方面，對中國社會內部結構，尤其是地區性的發展研究（如地方史、農民史、都市史、社會經濟史，及對當前社會政治與文化發展的研究），以及對近代中國思想意識發展起源（如宋、明、清思想）和發展困境（如清末、五四及當代新儒家等）的探索，都使得我們對中國當代問題的癥結，與其因解之途，有了比較深入的了解，新興的「中國內在動力論」遂得以孕生。從上述「中國研究」發展的過程當中，有兩件不同層次的啓示。第一，它說明了傳統的變遷與繼承，為當代西方「中國研究」的一大課題，當代中國知識分子在知己知彼的前提下，對於此一重要題旨自亦不容輕忽。第二，它也說明「中國研究」與「漢學」本身的發展亦有其傳承與變遷。每一位參與研究的學者，都是肯定了學術範疇中的某些權威，然後在批判與繼承的基礎上，對過去的權威觀點作修正。他們絕不會空言反對，或打倒學術範疇的傳統與權威，也不可能單憑著民主社會所賦與的法制─理性權威而進行創作。相反的，他們是在尊重學術權威，以及根據某些權威理論來檢討、批判另一些理論的學術思辨歷程中，從事研究。因此，雖然有些舊的權威著作、理論過時了，有些新的權威另起，但這些權威不僅不會構成對自由的妨害，反而，為學界建立起了一些評判的指標，使得學術思辨與內在自由的成長有其可能。

現代化理論：從主導到多元

在一九六〇年代晚期以前，現代化理論是美國社會科學中的主導（dominant）理論，許多「中國研究」方面的學者，也就援引當時的主導理論觀點，將中國近代社會、政治與文化的變遷，解釋爲一場西洋「強勢文化」與中國「弱勢文化」的遭遇戰。結果當然是不合現代化要求的「中國傳統封建文化」敗下陣來。因而，中國近代社會、政治與文化的發展，乃被解釋成一段中國學習西方現代化的艱苦歷程，「西方的挑戰」就成爲中國近代發展與進步的主要動源了。但是，這種解釋觀點隨著六十年代後期以來現代化理論的漸入頹勢，以及「中國研究」學者們的努力發掘眞象，而面臨了重大的轉折。首先，社會科學界中由於來自美國學界青年一代學者的反省，以及來自第三世界理論家與學者的研究，逐漸發覺到現代化理論基本上只是歐美學者（自覺或不自覺的）基於保守的立場，爲維護歐美利益而設的理論。因此，他們強調現代化社會的優越性與穩定性，而且強調國際經濟秩序是靠分工而奠立的（亦卽由發展中國家提供人力、原料，由先進國家提供技術、設備），但事實上，現代化理論所未檢討的面向中，西方社會在近代發展的歷程裏卻是長期以資本帝國主義的策略，剝削第三世界的經濟、物質與社會資源，作爲供養西方世界而發展的。而且它一直以經濟、科技等手段來控制國際市場的「分工」，使發展中國家繼續地供應廉價的原料及勞力。因此，西方先進國家的「現代化」過程，也正巧是落後國家被剝削的歷程，這種國際經濟的分工秩序，長期以來鮮有改變。而由於西方國家在這些落後的地區控制了龐大的政治、經濟與社會資源作為工具，並且在重要的據點上建立了種種網路（如多國籍公司和親美的軍隊、政府或政黨），將這些國家與地區緊緊套牢在西方資本主義系統之下，使得邊陲的落後國家對中心的西方世界的依賴命運，以及落後國家內部的邊陲與中心地區在經社發展上的差距命運，始終難以擺脫。從這樣的反西方觀點出發，所謂的「現代化」，只不過是西方帝國主義者在剝削與操縱落後國家時的一個藉口罷了。的確，倘若將工業化與經濟自由視為現代化的重要指標之一，許多提供原料與人力的發展中國家，則難能企望達到現代化境界。因為他們的政治與經濟自主，極難在現有的國內與國際政治、經濟、社會結構中，獲得保障。而如果他們期望以民主選舉（如一九七〇年代初期的智利）或革命鬪爭（如當前的尼加拉瓜左翼政權）的手段，大幅度的扭轉政治、社會結構及經濟秩序，以期獨立自主，也多半難逃歐美大國的干預和制裁。基於此，對於許多第三世界的學者、理論家及西方世界中同情弱小民族的學者而言，現代化理論所解釋及倡導的觀點，其中便有許多是站不住腳的。激進的學者甚至認為，這套理論不過是西方保守學界粉飾太平的糖衣罷了。

從民族主義與國家獨立自主的觀點看來，上述對現代化理論的批判觀點，的確非常有力；但是這種解釋觀點的限制卻也極為明顯。簡單的說，由於這種「反現代化」理論的強調重點，是西方先進工業國家的帝國主義剝削性格；因此，情緒性的反應不易避免，對於發展問題的解釋也就容易失之偏頗。雖然，現代化理論有其保守的傾向，但從西方近代發展的內部過程觀察，自由主義、個體主義、多元民主體制、權力制衡、宗教的世俗化、學術與知識的相對獨立性，乃至資本主義的理性精神等，均是不可或缺的「現代化」要素，使得西方文明能在現代世界中大放異彩。而許多非西方國家，的確缺乏了上述的發展條件，以至造成貧窮不安、政經蕭條。因此，現代化經驗以及現代化理論中的一些解釋觀點，仍值得非西方世界參考與反省。事實上，西方現代化的成功因素，絕不只靠資本帝國主義的剝削一途而已；它在文化、經濟、政治與社會制度上複雜的歷史與結構因素，均是不容忽視的。或許，現代化理論的缺失之一，是未能在經濟發展與政治民主兩變項間的關係上，提出周延適切的解釋。但同樣的，在「反現代化論」的發展理論中，也未能就第三世界政治、經濟獨立自主的實際發展策略，提供持續有效的良方。所以，許多學者在現代化論和相反立場的帝國主義論、依賴理論、世界系統論等理論之間，並非採取擇一斥衆的獨斷觀點。他們多數毋寧從傾向或接受某一理論的前提出發，以較寬容的胸襟，藉其他理論或研究成果來試圖修正原有的理論觀點。這其中複雜的對話關係，是絕不容過分簡化的。再者，在當前人文與社會科學界中，還有許多其他理論觀點，如批判理論、衝突理論、結構主義、詮釋學、現象學等，也受到普遍的重視。這些理論不一定與現代化等主導理論針鋒相對，也不一定有取而代之或全面批判的意圖；但提出基本的修正、批評或補充，卻是很尋常的現象。雖然現代化論的「顯學」時代已經過去，但在當今「羣學並陳」的時代裏，現代化論對某些人、某些地區的研究，仍具有相當的解釋力。與本文相關的題旨則在，受到現代化論以及其他理論浸染的學者們，心目中的權威知識來源究竟爲何？而通過與這些不同來源的知識進行對話後，學者們將以何種態度來應用、修正或批判這些不同觀點的理論，從而發展出更周延的解釋呢？這些問題，正是學術運思上的基本關卡所在，也是中國學界未來企圖達成學術獨立發展的關鍵。（關於此點，後文將做討論⑫。）

試想，如果在一個知識資源貧乏、學術發展落後的環境裏，沒有多種不同的知識來源，使我們能在自由的比較與選擇中，決定採行一種或幾種我們所認定的權威觀點，那麼在權威不足的情況下，知識的成長與獨立精神的發展將非常受限。而如果我們始終只看到，或只知有現代化理論，卻不知其局限，也不知道其他理論對它的批判觀點，那麼我們的思考自由與研究深度必定大受限制。但如果我們是站在知識多元化的基礎上，來接受與選擇權威，則由

⑫ 以此項本文的主旨觀之，上述對權威知識來源的思考與探討，正巧也說明了權威與自由之間存在著相輔相成的關係。

於權威是可變的，環境是多元民主的，服從權威是根據自願與自主，因而，一旦它的創造力與說服力失去時，就不再是我們所信服的權威了。在這樣的條件下，權威自然對我們的獨立精神與內在自由大有助益。而且，有豐富的知識權威資源做啓迪，我們將不至於找不到門徑，漫無邊際的想問題，使我們的自由思考獲得了保障。這卽證明了權威是自由的先決條件，而非其敵體。

「西方挑戰——中國回應」說的局限

從上述的觀點看來，許多「中國研究」的學者，從社會科學中理論的爭執點上出發，對中國問題的具體事例做研究與印證，乃是根據一些他們承認的「權威」論點，來進行自由的選擇與探討。但是最後總會有許多一度被認爲「權威」的說法，難逃失敗或無效的命運。一九六〇年代後期以來「西方挑戰——中國回應」說的權威性，就是在這樣的試誤歷程中，受到了嚴厲挑戰和打擊。許多學者從具體事例的研究裏，提出近代中國許多重要的文化、社會與政治的發展，都是有其內在發展的動因。舉例來說，近年來學界從晚清思想家龔定菴、魏源等人的研究成果，發現龔定菴雖然曾因察覺到西方外來文化的威脅，而發表過相關的言論，但其主要擔心的，卻仍是中國本身政治與社會上的腐化風氣弊端。至於魏源的改革思想，基本上也是起源於他在接觸西方以前即提出關於改革內政的主張。論其在知識界的盛名，主要並不在他通曉洋務（夷務），而在於他對經世學派與今文學派的貢獻。換言之，許多重要的中國知識分子在近代所從事的改革努力，並不必然是主要基於對西方的反應。這也間接證明了「西方挑戰——中國回應」說的局限性。

思想史學者張灝先生對梁啓超與晚清思想的研究中，也批評了已故的美國加州大學教授李文森（J. R. Levenson）等人從現代化論出發的觀點。張先生指出，「現代化」只是西方近代文化的一支主流，但此外西方還有許多重要的思潮，如浪漫主義、存在主義、社會主義等，這些與「現代化」不同的思潮，對於某些重要的中國知識分子的影響（如基督敎之於康有爲、譚嗣同；叔本華思想之於王國維和章炳麟；無政府主義之於劉師培；社會主義之於李大釗、陳獨秀等），都是相當明顯的。因此，也說明了從簡單的現代化觀點出發，來解釋中國知識分子對西方現代化的反應，仍欠周延。另外，在西方現代化衝擊論的前提下，將非西方社會的傳統文化簡化爲農業的、落後的、僵滯專制的、士紳的意識型態，也使得中國文化本身的精徵性、複雜性，以及由內部因素所自發的發展特質等重要內涵，隱沒不彰。由此看來，早期西方「中國研究」中，對於中國社會文化的內部發展因素，顯然考慮不足。近來學界的研究成果指出，即以思想發展爲例，清末經世之學的發展，學者（如汪中、俞樾等）對義理思想的研究，已跨越了清初樸學的限制，而上溯宋明傳統，這即證明了傳統內部的發展的確是重要的因素。這些都並非對西方衝擊的反應，而是對傳統思想本身的衝擊所作的回應。即使如梁啓超，其對新民說的討論本有濃厚的現代化色彩，但在介紹西方的民族主義、民主參政、社會進化等觀念時，他卻也選錄了《明儒學案》等書。他相信宋、明儒學中如王陽明的思想，就可以超越當時的文化限制，而與他的「新民說」相配合（事實上，後來學者對王學的討論，也不乏此點考慮）。因此，張灝先生以爲，梁啓超乃是從現代化精神的觀點，發現了傳統的工夫論的價值。這種中西文化間或「現代—傳統」間的對話關係，也說明了將傳統與現代化視爲矛盾對立，互爲敵體的觀點，是過分簡單的⓭。

根據當前中國研究的發展，我們可以歸納出幾項與本文主題甚具關係的意見。

⓭ 詳見張灝著〈晚清思想發展試論〉，輯入周陽山編《近代中國思想人物論—晚清思想》，時報出版公司，一九八一。

六項建議

第一，積極反省並批判西方主導理論對中國研究的應用價值。如前所述，在西方「中國研究」與當代西方社會科學主導理論之間，的確存在著積極的對話關係。由於主導理論趨勢上的演變，使得「中國研究」本身也開始產生新的反省；而由於「中國研究」本身的發展，也可能對主導理論發生修正與重新解釋的功能。由上文對現代化及中國研究理論演進的分析看來，應用中國的實際素材資料，的確可以對社會科學理論提出印證與補充。一方面，這證明了區域研究對主導理論的價值，另一方面也告訴我們，必須撇開對主導理論的素樸「信仰」，而應以多元與實踐的態度，對其實際的解釋力與權威性做眞實的反省。這種不盲信的態度，必須根據親身的研究，在親自做過印證的工夫後，才能獲得信而有徵的資料，也才能對理論的適用性、有效性提出深刻的反省。近年來，國內已有許多學者對中國人的政治行爲與選舉態度，開始做仔細的檢討，並對西方學界中有關的理論觀點，下過印證與修正的工夫。我無緣了解實際的進度與成果，但這樣的態度與努力，正是反省工作的起步，也是令人鼓舞與敬佩的。如果各學科的學者都能做類似的努力，並將學術資源儘可能擴及到美國、西歐以外的學界，使我們對北歐、東歐、日本、拉丁美洲及其他地區的知識界逐漸有所認識，將他們的研究成果及理論觀點當中有價值、有關係的部分，做比較、印證與批判的工夫，則未來中國學界對世界學壇的貢獻，就不勝枚舉了。

第二，開拓知識界的世界觀，拓展與國際學壇廣泛的接觸及對話。由於長期以來與美國建立的多重關係，國內學界主要的國外知識來源，多為美國學界的研究成果，另有部分學科亦兼及西歐及日本。至於對拉丁美洲、北歐、東歐及其他地區知識界的了解，恐怕都極為有限。但是，在二次大戰以後，美國學界本身，卻在與世界各國學壇的對話中，吸收了許多其他地區的學術成果，從而修正並豐富了其本國學界的知識觀點。如法國的結構主義、年鑑學派，德國的批判理論，北歐的社會福利理論，瑞典學派的經濟理論，西歐的現象學、解釋學、存在主義、馬克斯研究，東歐的南斯拉夫實踐（praxis）學派，匈牙利的布達佩斯學派及拉丁美洲的依賴理論等，均先後在美國人文學科與社會科學界發揮相當的影響力。另外，在中國研究方面，美國「漢學」及「中國研究」學界對日本、法國、荷蘭及北歐等國「中國學」的發展，亦極為重視。這些都顯示了知識多元化的現象。至於近鄰日本，其本國的人文與社會科學界，亦有一貫尋求獨立自主的發展傳統，與美國學界的理論觀點頗不相同（如日本的漢學——東洋學、經濟學、社會理論等）。許多重要的外國學術理論及研究著作（不論是英文、法文、德文、西班牙文及其他文字），在日本短期內就會出版譯本，甚至是多種譯本。這說明了日本人的知識視野是寬廣的，權威來源也是豐富的。近年來，與我國國情較為類似的南韓學界，亦頗有振興之勢，該國出版的韓、英文刊物中，對於中國、蘇聯、東歐研究及西歐學術（更遑論美國）的重視程度，均值得吾人警省。事實上，以我國當前社會經濟發展的步伐看來，根據現有的人力、物力條件，開拓與國際學壇的廣泛交往，應非難事。甚至，只要做有系統的設計籌畫，大量派遣學者及留學生與美國以外的國家，進行學術交流（從短期訪問到中長期的唸學位、教書、做研究等），也無突破不了的困難。至少，在國內學術研究單位，及大學中設置世界各地區的語言及區域研究所（包括南亞、東南亞、非洲、西歐、拉丁美洲及東歐等），有系統的培養區域專家及語言專才，應是當務之急。這不但對學術發展會有莫大的幫助，對於外交、經貿及國際資訊等實際工作的拓展，及人才的培養，亦有實質的助益。但是，這樣的觀念與作法，不但需要有一個豐富、寬容的世界觀作為前導，而且必須先拋除「美國中心論」（或「歐美中心論」）的束縛（卽以為只要轉譯英文的譯著就足以派上用場，或以為只要將美國的學術理論做適度的應用、修正就綽綽有餘）。在當前的知識環境中，這種束縛的心態與格局恐怕不容易突破。其結果是，國內學界始終不能擺脫翻印美國大學教科書、翻譯美國學術界主導理論，以及移植美國知識觀與文化觀的邊陲處境。而欲求獨立自主、批判反省，甚至是想尋求美國以外的權威知識資源，都深感力不從心了。

由於作者個人在語言能力及知識學力上的局限，多年來深深感覺到自己知識資源的貧乏，是故在本文所引介的知識來源中，不得不清一色僅以中、英文資料爲限（這也是要向讀者抱歉的）。但是放眼當今美國第一流的權威學者，這樣的資源障礙卻是少有的現象。幾乎絕大多數的美國人文及社會科學大家，均能使用一種以上的歐洲（包括古典及現代語言）或東方語言，接觸英文以外的知識資料。他們對國際學壇的關心，對區域研究知識的重視，以及對美國以外地區的研究興趣，都是值得所有中國知識分子痛切反省的。

第三，重視區域研究工作的價值。過去由於國內知識界分工人力不足的關係，絕大多數的人文及社會科學工作者，只能就該學科的基本知識加以探討，有餘力的話，再做一些對本土文化、社會的研究或理論的應用工作，就很難得了。至於動手做其他地區的區域研究，實在極爲困難。因此，多年來國內的研究機構，除了美國研究所的設置外，只有很少數的能進行對日本、西歐及東歐、蘇聯的研究，但在範圍及人力上實在甚爲有限。不過，目前學術界的生力軍已越來越多，對於國際區域研究知識的了解，也已日漸豐富。其中有不少國內學者，曾對日本、韓國、越南、菲律賓、馬來西亞、新加坡及其他國家的政治、經濟、社會，及文化問題進行過第一手（親自閱讀該國的原文資料）或第二手（應用非原文資料或第一手的研究成果）的研究，甚至以此撰寫過博士論文。如果國內能及早設置東北亞、東南亞及南亞的研究所或研究中心，進行系統化的研究工作，則不出幾年，國內學界也許就可與東亞、南亞等國的學界直接溝通，或者與美國的國際區域研究專家（如康乃爾大學的東南亞專家，及各著名大學的日本專家、東亞專家），共同討論東亞各國的整體發展的問題。這不但會使臺灣與東亞各國的知識、學術溝通更爲密切，而且會使歐美的東亞專家及學者，對臺灣的學術成就刮目相看。連帶的，對於國際聲譽的提高，就會增加實質的助益了。進一步而言，如果國內能擴張對亞洲以外地區的研究，學術界的氣象也就會更爲開濶。

但是，上述的發展步驟，必須依賴學界本身的自覺，即肯定與正視區域研究工作的價值，這不但牽涉到學者們知識視野與世界觀的問題，也牽涉到學者們對自己學術成果的期待問題，這其中將包括期待自己成爲一般專家或區域專家兩者不同的抉擇。在此我引述一位著名的美國政治學者佛巴（Sidney Verba）對其名著《公民文化》的自我批判做爲引註⓮。

⓮ Gabriel Almond and Sidney Verba, *Civic Culture*, (Princeton: University Press), 1963; 以及 *The Civic Culture Revisited*, (Boston: Littlle & Brown), 1980.

《公民文化》是一本重要的比較政治著作，係對美、英、德、義及墨西哥五國政治文化做比較研究。這本書自一九六三年問世以來，即受到學界的重視，書中所引的行爲調查技術，也曾被一再應用。但是它也廣受嚴厲的批判，被認爲在方法與哲學基礎上都有嚴重的錯誤。一九八〇年，佛巴又與奧蒙（G. A. Almond）編寫了《公民文化的重顧》（*Civic Culture Revisited*），在他所寫的跋文中，坦承《公民文化》是一本大膽而輕率（bold and incautious）的書，甚至認爲稱之愚勇（foolhardy）或許更爲適合。其主因之一，則在這項研究缺乏區域專家的指引。佛巴指出（見該書頁三九八）《公民文化》所做的多國研究，範圍過廣；而從事這些多國研究的學者，對各國的了解又不及區域專家來得深刻。結果由於區域知識的不足，造成對研究對象（各國政治環境）的隔閡，忽略了許多屬於各國個別的重要問題。佛巴又特別指陳，要做一個國別區域專家，必須具備許多豐富具體的知識，而且需要熟悉該國的語言、文化和歷史。要建立起這些知識，必須花上很長的時間，日積月累，才能產生眞正的了解。由於要花上太多的時間，因而一位學者要同時成爲好幾個國家的專家，幾乎是不可能的。佛巴認爲，《公民文化》這本書的輕率，就出在當時對從事研究的各國認識不足所致。但他又補充，最近美國在從事類似的比較研究時，已能避免此一漏洞，因爲他們現在已知道必須藉助國別區域專家來擔任這項工作了。佛巴以爲，目前這種以各個區域研究爲基礎，進行協同合作的比較研究，不僅在知識上比撰寫《公民文化》所採取的研究方法更爲適當，在國際合作的研究工作上，也是一種比較接近科學的做法。

我提出上項引述，旨在強調：沒有區域研究的基本工作提供歷史與知識基礎，而想要建立解釋力廣博的總體理論，終究是經不起挑戰的。佛巴的自省，實讓人深思，也足讓我們重新反省自身對區域研究的輕忽態度。

第四，嘗試建立在「中國研究」與「漢學研究」上的自主地位。雖然中國學術界很難擺脫邊陲的處境，但是，任何具反省精神的知識分子，都不會甘心於此一現狀，長久以文化殖民地（或準殖民地）的格局自限。所幸，近年來臺港學界已有「社會科學中國化」的呼聲，對學術自主與社會科學本土化的問題進行探討⑮。在追求學術自主的過程中，最基本的步驟之一，應是在接受西方學術的同時，思考如何應用這些理論觀點與知識成果，對中國經驗的素材做一實質的探討與印證工作。以具體的例證來講，一九三〇年代以後中國社會學與人類學界中，卽曾出現過應用西方學術理論，並以純熟的本土知識，加以揉和成功的研究案例。

---

⑮ 關於此一題旨，請讀者參考中研院民族所出版，楊國樞等先生編《社會及行爲科學研究的中國化》一書。

費孝通先生的《江村經濟》《鄉土中國》等書，即可視爲代表。

但是在當前國際學壇，中國學界若企圖在知識本土化獲得具足的成果，或許要較費先生當時更爲複雜困難。因爲，對於所有企圖爲學術本土化盡心力的中國學者而言，今天他們至少必須同時熟稔兩方面的知識來源，即西方的主導理論與主流學說思想，以及中國研究與漢學研究的相關成果。過去多年來，海外研習人文與社會科學的留學生，有不少人對西方思想領域有過相當的鑽研工夫，但由於缺乏對中國學說領域的充分了解，使得他們日後的研究工作，出現了相當的局限。無論是引西方的學術知識用來印證中國的現實問題，或做第一手的本土研究，均發生了實質的困難。而最後具現出的結果，則是國內學界在中國研究與漢學研究的成績上，無法與西方及日本學界比擬。甚至，如果不懂日文或西文（包括英文、法文、德文等），而要進行中國研究的話，都頗爲困難。目前許多美國東亞科系即硬性規定，修習漢學與中國研究的研究生，除了純熟中、英文之外，尚必須對日文及一種或一種以上的歐洲語言，具備閱讀學術論文的能力。這種規定，並不止於形式性的意義而已，也確實說明了國際漢學及中國研究領域上權威知識資源的分布情形。

舉例來說，今天若欲從事對中國近代史、臺灣史、社會經濟史、中國宗教、思想及中共等的研究，對日本學界的研究成果就絕不容忽視。同樣的，對傳統漢學或當代中國研究（包括中共研究及臺灣研究）欲要建立豐富紮實的根基，缺乏與美國及西歐學界的溝通，也是極爲困難的。這種必須通過他國的語言文字，來研討本國問題的特殊處境，本應讓人深感痛心，但因幾十年來情況始終未能改變，情緒性的反應早無意義，而眞正可以救濟的措施，就只有痛下針砭，從學術界本身的自覺努力做起了。

在步驟上，目標不必懸於過高，因此，我們不須奢望短短幾年內，建立起在世界漢學與中國研究上的「權威」地位，或成爲國際漢學界的中心。但設若以平實的態度，按部就班，期望建立起一個「自主」的地位，就很可觀了。舉例來說，如果我們能以目前正在繼續出版的《劍橋中國史》（*The Cambridge History of China*）的出版者洽商，在該書各卷出版後一兩年內，出版經由各篇作者同意認可的中文譯本，並由國內學者就書中各篇論文的長處及缺失，另外再出版一系列嚴謹的評論集，則此舉對學術自主的期待，就會有落實的基礎。另外，國內的史家們如果能積極地整理抗戰史資料，政府有關單位也能配合開放史料，針對一九六〇年代後期日本防衛廳戰史室出版的數十巨册中日戰史⑯提供仔細的評論，並出版專史，則對抗戰犧牲的千萬同胞，與歷劫的民族文化，才不致感覺汗顏。唯有通過類似這

⑯ 這些戰史每册平均七百頁，並附詳細地圖，由日本朝雲新聞社出版。

樣不斷的努力，中西（或中日）漢學及中國研究學界間的眞正對話，或相互批判（而非單向的譯介），才會有實際的成績。日後要談西洋學術的本土應用，或談社會科學的中國化，也就能超越目前的層次，而有實質的基礎。

第五，努力接觸並譯介外國學術的經典資源；深入了解主導理論的源頭及其局限。在當前西方學術界中，人文科學與社會科學界，每隔若干年（有的長達數十年，有的僅數年之久），即有一套新的主導理論出現。這些主導理論多係根據人文與社會科學界中，某些過去的典籍的演化、補充與修正而來，並配合某些新的情境做新的解釋，增添新的詞彙與觀念，因而具備了分析現實環境與事件的能力，也提供學界必備的理論基礎。但是，這些主導理論或學派的壽命總是短暫的，它的解釋能力總會隨著時空條件而轉變。如果我們對某一主導理論不加深思反省，並配合實際歷史知識的印證，卻只以簡單的全盤接受或素樸信仰的態度對待之，則終究擺脫不掉「過時」的命運。試看，現代化理論和結構——功能學派在一九六〇年代如日中天，似乎可解釋全人類的現象，但十、二十年之後，它還不是蒙上了過時的黯影。卽令當今正紅的依賴理論、世界系統論等，又有誰能擔保持之久遠，逃得過類似的命運呢？因此，今天國內外中國知識工作者的任務，應該超越幾十年來單純的文化移植者的角色，不應再止於苦讀幾載，把西方當前的那一套知識觀點學回來而已，這種異文化翻譯者或移植者的時代，終究該過去了。爲了文化的落實與知識的生根，知識工作者必須運用實地的歷史與現實資料，檢證這些理論的有效性；並應進一步地追索這些理論背後的學術傳承和歷史因素，及儘可能的把學術傳承中一些重要的典籍（classics）知識摸索清楚。如此，則某些社會與行爲科學「非歷史化」、「平面化」、「反人文化」的偏執與囿限才可能扭轉過來；中國學術界對西方及其他外國學術的了解才可能深刻，反省與參考的資源才能夠豐富，知識的「權威」來源也才會眞正經得起考驗。

但是，這些主導理論背後所依據的學術傳承與經典資源，（如現代化理論之於韋伯，依賴理論之於列寧，批判理論之於黑格爾、馬克斯，現象學之於胡賽爾等）非常複雜。而各經典大家的原著浩瀚，思想根源並非一般初學者所容易掌握，至於第二手的研究文獻又往往衆說紛紜，各擅勝場。如果要對這些大家的解釋觀點有清楚的認識，並對其中演繹而來的主導理論有批判的了解，便不得不借重學術界的引導，經由所謂「導讀」的工夫，才能循序漸入堂奧。譬如，對韋伯的了解，若僅從帕深思的引介入手，則易陷入一家之言或一家之限；但若同時參考席爾思（Shils）班迪克斯（Bendix）及其他韋伯學者（Weberians）的說法，參考的面向較廣，則對韋伯的理解也就會更爲深刻，而思想的自由也必然會因衆多不同知識權威的啓迪，而大爲開拓。但是，由於過去幾十年來國內人文與社會科學教育的不完整，大學教育的通識課程及基本訓練皆嚴重不足，而過去的留學生於西洋學術了解深刻，對基本典籍有切實掌握者也甚爲少見，使得後繼的初學者往往缺乏良好的「導讀」環境，卽使是潛心自修，也難窺全貌。結果，學者在日後的知識生涯裏，多無力或不敢從事深刻的理論探索與批判工作，僅止於淺嘗各種主導理論（或只知一隅，不知其他），並求其「速學速用」的浮淺風氣，就因此瀰漫開來。若就這項結果來說，必然會缺乏知識的深度，而且由於對主導理論的學術傳承與歷史背景缺乏探源的工夫，對其批判的能力與眞實的了解也有限，因此，只要是理論所探討的時空環境一有轉變，自己的知識視野就會立刻出現障礙，對自我的學術信心也不免動搖了。解決此一困境的因應之道，無簡易機巧之路可走，唯有努力加強自己的歷史知識與歷史感，加深對相關知識典籍及學術傳承的理解，並擴展自己的世界觀與知識視野，才是根本之圖。以美國政治與社會學界爲例，其中當代的學術重鎭如 Barrington Moore, Edward Shils, Reinhard Bendix, Robert A. Dahl 和 Giovanni Sartori 等，無不有著豐富的世界觀、歷史知識和理論素養，但是如果我們期望今天中國知識界的新生代中，也能產生這樣的學者，恐怕就難乎其難了。其中主要關鍵，並不在我們的學者天資稟賦與努力程度不如人，也不是語言文化的隔閡，主要是因爲我們的基礎知識與典籍訓練嚴重不足，卽使是對中國傳統文化與經典的了解，有時甚至不如某些日本學者。至於西洋學者對西洋傳統知識與經典了解的深度與廣度，更是中國學界中的傳統研究（或稱國學研究）所難以並比的。於是，大部分中國知識工作者對西洋傳統既感陌生，對中國傳統也無批判的或深刻的了解，若此中西兩方面皆缺乏深刻的權威資源，則知識視野的侷促自然是不可免了。

如果要解決上述的困境，必然牽涉一個中國學術與文化發展的文化工程問題，這個龐大的題旨，並不應該、也無法由某一學者提出全盤的意見，再由其他人附合行之。此處我僅提出幾項局部的淺見，一方面針對知識界現象發言，另一方面，也藉以間接說明我所強調的眞權威的重要性。

首先，我們應該儘早動員衆多可用的人力、智力、努力的將各學科中重要的典籍，譯介成曉暢的中文，使得學術生根的努力，獲得第一步落實的基礎。以本文所討論的韋伯爲例，他的重要著作，除了《基督新教的倫理與資本主義的精神》等一兩本書外，到最近爲止，尚無中譯本出版[17]。類似的例子不勝枚舉，許多重要的經典著作亦然。但反觀日本學界，情況就全然不同，幾乎所有重要的西洋經典著作，都有日譯本全集出版，有時甚至超過一種以上

⑰ 此一現象近年來已大有改善，從一九八〇年代後期起，一系列的韋伯著作已陸續由遠流出版公司等出版。臺灣的文化出版環境已與本文最初撰寫時的處境相當不同。

的譯本。像日本學界介紹現象學已有幾十年的歷史，由譯述爲始，迄今不但已是汗牛充棟，而且日本知識界也培養了許多現象學家，成爲國際現象學界的一環。這種從譯介爲始，到最後與本國知識界接筍生根的現象，在中國雖不乏見，但無論就規模、數量與深度而言，都較日本學界距離甚遠。過去多年來，國內卽有不少著作，係透過日文譯述，轉介西方各種思潮。這不但顯示了日本知識界學術成就的豐碩，同時也暴露了我們知識環境裏的貧乏。

其次，在譯介國際知識界重要典籍的同時，我們應該對各種學術名詞與知識觀念，做仔細的解釋與迻譯，並運用集思廣益的力量，釐訂爲大多數人所認可的譯名，出版一系列的譯名手册與百科全書，使學界中有共同的溝通工具。過去《王雲五社會科學大辭典》和香港中文大學的《社會科學譯名手册》已有一部分具體的成果，但更精確仔細的編輯與翻譯工作，必須持續進行，而且每隔若干年（不應超過十年）卽應重新增修。舉例來說 alienation 一詞，心理學與社會心理學界所使用的譯名是「疏離」，研究共黨問題的專家，和一部分研究社會思想的學者則譯爲「異化」，多年來一直各行其是。這種現象，除了反映學術背景與知識來源及訓練的差異外，也顯示這兩類學者間的眞正對話並不充分。這說明國內學界亟需制訂計畫、籌羅基金，有系統的整理譯名及觀念，並出版具權威地位的百科全書及譯名手册，供全體社會使用。

再者，在世界觀與知識觀的開拓上，我們必須在古典及近代典籍之外，另譯介一些當代學者的名著（不論是第一手具原創性的著作，或第二手的研究性著作）。我們也亟需編譯一些有關當代社會運動與文化思潮發展的著作，這些著作，有的生命只及十年、二十年（如《一九八〇年代的東歐政治》這類著作），但卻是增益我們對世界認知的重要來源。爲了簡易明瞭起見，下列依照當代名著和知識課題兩類，分別列出幾項，謹供參考。

A、當代名著（以重要學者為單位）

1. 雅蘭德（Hannah Arendt）：《人類的處境》、《過去和未來之間》、《共和的危機》、《極權主義的起源》等。
2. 亞洪（Raymond Aron）：《社會學思想的主流》、《戰爭論》、《知識分子的鴉片》、《德國社會學》等。
3. 卡魯高斯基（Leszek Kolakowski）：《馬克斯主義的主流》三卷。
4. 布岱爾（Fernand Braudel）：《非列普第二時代的地中海與地中海世界》、《十五至十八世紀的文明與資本主義》三卷。
5. 利普塞（S. M. Lipset）：《政治人》、《革命與反革命》、《農業社會主義》、

《學生政治》等。

B、知識課題

1.當代重要的知識理論。諸如本文提及的結構功能論、詮釋學、世界系統論等，以及許多其他學科內的主導理論和重要的學派觀點。但在介紹或譯述這些理論與學說時，應特別注意說明實例援用的情況，以及這些學說所面臨的批判觀點及其反駁論據。

2.重要的社會與人文發展現象。諸如西歐及拉丁美洲的基督教民主黨、日本的公明黨、回教世界的宗教基要派運動；西北歐的工業民主、東歐的工人自治與西方世界的福利思潮；西歐與日本、澳洲等地的新左派運動和「歐共主義」運動；拉丁美洲與非洲的民族主義運動、軍人政權與威權（authoritarian）政體；東歐、蘇聯及中共的極權（totalitarian）政體、改革與修正策略及異議運動等。上述這些重要的人文、社會與政治發展現象，每年都有新的研究著作及比較性著作出版，值得選譯或編輯出書。這將使我們對國際學壇的動向與世界各地重要的變動趨勢，有基本的掌握和了解，也是拓展我們的世界觀與國際知識的最大泉源。同時，我們將有比較多的歷史與現實資料，對各種知識理論的適用性，能加以細緻的探討。

3.通識（liberal arts）教育的基本知識。這是當前國內大學教育與歐美水準相距最大的一環。通識教育，一般係指一個學術工作者所應具備的通材知識，有時也指一個大學畢業生所應具備的人文與科學素養。它應該包括基本的人文與科學常識、邏輯、語文、文法論及寫作訓練，以及主修專業學科中的基本知識。在國內教育中，這些科目多列爲「共同科目」和「共同必修」課程，但由於前文所述的各種理由，這些課程並未提供充分的知識資源。相反的，在歐美一流大學中，一門大學部的通識教育課程，多規定學生必須閱讀一千頁以上的典籍資料，而授課的教師，又不乏資深的學者（如普林斯頓大學卽規定，研究所的教授，必須同時擔任一、兩門大學部的基礎課程訓練工作），這均說明了歐美大學生基礎教育深厚的基本原因，可做爲我國教育領導者亟力檢討的借鏡。關於通識教育的教材來源，無論在國內外都很容易搜集，如 *Man in Contemporary Society, Philosophy for a New Generation, Democracy and Contemporary World, Anthology of Classical Literature* 等類編著的讀本均是。此處應特別強調的是，國內學界應從比較文化的觀點出發，編輯一系列的中國文化與經典選輯，範圍自先秦至近世，從文言到白話，從孔孟到康梁、孫中山等，使學者們能普遍的對中國傳統與近世的發展有較深刻的認識。過去學界中已有中國哲學資料書、經典論文選之類的著作編輯出版，但範圍應再擴大；而在知識觀點上尤應特別注重比較文化的層面，例如以西方詮釋學發展的觀點做爲參考，即可編輯出一套儒學、佛學等的資料書。上述的資料編輯出版後，即可列入當前大學必修科，如國文、近代史等課程中，或另列必修課程，由具備個別學術專長的教師們分工或輪流授課。如此，對於日後學術發展，必將提供較爲堅實的基礎。

上列的各項名著及知識課題，均非全備的設計，但僅就這些題目而言，中國知識界當前應做而未做的工作已經非常多了。讀者也可從上文的討論中看出，今天學界的眞正困境，並非知識權威過多，造成對學術自由的妨礙；相反的，由於重要著作的嚴重不足，對國際學壇與世界大勢的了解太過欠缺，反而造成我們在思考與研究上的嚴重局限，因而空頭的學術自由也就無從發揮了。誠然，在當前尙未到達多元化社會（pluralistic society）的處境下，現實政治與其他紛擾所形成的外在壓力，的確是存在的，而與學術標準無關的箝制也所在多有。但若就當前已有的學術自由空間而言，平心而論，學界實在還有太多的工作可做，也還有許多自由的抉擇可供運用。不管是當前流行的主導理論、西洋的經典資源與當代名著、國際間重要的社會與人文發展趨勢，乃至中國研究的具體例證和國學與傳統研究等課題，均有甚多知識領域的空白，有待知識工作者的研究、補充。唯有當這些重要的空白逐漸補足之後，我們才能以眞正超越的眼光，來批判與反省中、西知識傳統及其近世的發展經驗，而學術的落實生根，才有眞正的前提可言。

第六，重視中國傳統學術的價值。運用具體的經驗素材，深索傳統的連續與變遷，並從比較文化的角度，進行國學、經典研究與中西學術的對話。

根據前文對「西方挑戰——中國回應」說及現代化理論的質疑，我們了解到不含批判地接受一套西洋知識觀點，是極受局限的，這種單向的文化傳播或知識移植的工作，對於學術自主與文化發展而言，並不夠充分。在移植或傳播的角色之外，下列的步驟必須繼續進行：

(1)整理並發掘西洋的知識經典資源。

(2)整理中國傳統思想與經典，以現代知識的語彙與觀念，重建國學研究與傳統研究。

(3)在探索傳統的連續與變遷的基礎上，對中國社會與文化的發展，進行系統性的檢討，並與國際學壇及西方學術進行對話，最後則期望能運用中國的經驗素材，對西方的學說理論，提出補充與批判。

關於這方面現有的著述，方興未艾，而且評價不一，我只以舉例的方式，將知識運用的途徑做一簡單的介紹，但無法對研究成果做深入評論。

A如前文所述，思想史學者張灝敎授透過對晚清思想家的研究，指出現代化論和「西方挑戰——中國回應」說等的局限，並強調這些思想家與中國文化傳統之間的關係。

B哲學學者傅偉勳教授在〈馬列主義的思想困局與未來中國的展望〉（一九八五）一文中，從馬、列、毛思想的比較分析角度出發，指出毛思想與中國傳統儒家思想的異、同關係。他在批判毛思想的困局之際，也指出一九六〇、七〇年代紅衞兵與西方毛派狂熱的癥結所在，乃是由於一種無產階級泛道德主義所提供的浪漫情懷。而四人幫與御用學者爲了迎合「批林批孔」運動所編造的「儒法鬪爭史」等說詞，只不過是一種極端化的馬列主義的「解釋學」而已。從此文中，我們可以看出毛思想與西方左派思潮及中國傳統思想雙方之間的關係，以及如何在中西思想及學術的對話中，思索超越毛思想局限性的契機。而進一步地對傳統進行批判性的繼承與創造性的轉化，乃成爲當代中國知識分子所應深切檢討的課題。

C歷史學者 Thomas Metzger（墨子刻）在《清代官僚的內部組織》一書中，就 Barrington Moore, Karl Wittfogel, S. N. Eisenstadt 和 Talcott Parsons 等人對官僚及中國政治文化的觀點提出檢討。他並沿用 Almond 和 Powell 的研究方式，認爲從價值、文化體系，及體系的調適與維繫功能等角度分析，才能全面了解清代官僚系統。他反駁某些漢學家將帝制中國視爲僵滯、缺乏流動性的觀點，而指出清代官僚有一種道德性的承諾（committment），肯定有關國家程序改變的價值，和經常性的批判所具備的功能。在這方面，傳統經典，如《易經》等，無疑地為這種「變」的觀念提供了形上基礎。但另一方面，中國傳統中亦有許多經典強調「不變」的價值，而部分官員的守成性亦使得他們在變與不變之間常感矛盾，據此墨子刻提出了激進的改革者與溫和的現實主義者兩個類型。另外，他也試圖在清代官僚中找出一種 probationary ethic（暫譯「考驗倫理」），以相應於韋伯研究西方資本主義興起時所提出的 protestant ethic（新教倫理），他指出此二者的共同點在於道德的緊張性（moral tension）。相異點則為，中國方面，外在制裁所扮演的角色較重；新教徒方面，卻有較高的自我信賴與理性成分。作者也藉此進一步對韋伯觀點提出批評，指出韋伯在分析中國官僚時，只著重儀式、規範的角色，而忽略了他們在面對人性缺陷與倫理的要求之間，存在著道德緊張性的問題。

上述的案例，足以說明知識資源的豐碩是學術發展的必備條件。事實上，我們若欲對上述的著述提出深刻的、全盤性的批評，那麼至少就必須具備下面幾方面的知識：

(1)對西方經典知識（如上述的韋伯、馬克斯、列寧等著作）做第一手的了解。

(2)對當代學術理論中有關論點（如 Eisenstadt, Parsons 的觀點，現代化理論、解釋學、批判理論等）的基本了解。

(3)對西方漢學與中國研究學界的基本認識。

(4)對中國的經典素材（如晚淸思想、官僚體系及中共文革等）進行實際的研究。

(5)對中國傳統經典資源的基本認識。

上述五方面的知識，如果兼具的話，那麼本文所謂的對話關係，就有落實的基礎了。但衡諸現狀，卻難以令人樂觀。若就當前學術現狀粗略論之，在國內與海外研習社會科學的學者中，多僅以第二類當代學術理論的知識爲限，另外有一部分從事中國研究或關心中國問題的學者，則兼及第三、四兩類，但其中有許多人僅係在撰寫論文階段，才開始接觸中國研究與中國的題材，因此了解的層面非常有限。而且部分的行爲與社會科學中「非歷史化」的趨勢，更造成了他們對中國傳統與歷史知識了解上的貧乏，因此知識觀點的局促更爲明顯。譬如說，企圖以「理性抉擇」（rational choice）模式來解釋全人類社會文化共通性的社會科學學者，就極難與從事其他知識領域研究的學者進行實質的溝通。同時，由於專門研究第一類西方經典知識的中國學者爲數甚少，而社會科學與人文學界中兼及此一領域的亦不多，因此在現代與古典知識的對話關係上，亦不夠充分。這也就造成了當前中國學界容易一窩蜂趕時髦，只問西方當前流行的學說理論，卻不肯深入思索其文化根源的詭異現象了。

至於在傳統國學與漢學的研究方面，近年來在文史學界中，已開始有許多新觀點的挑戰。許多青年學者，已開始注意到西方與日本漢學界的研究成果（如哥倫比亞大學的宋明儒研究，京都大學、來登大學的漢學研究，李約瑟的科學史與道家、道教研究等）；另外也有些學者開始介紹社會科學的概念，並將一些社會科學家對中國傳統作分析引介（如Eisen-stadt對中國帝制的分析）。上述這些參考與反省的趨勢，無疑是令人鼓舞的，但不容諱言，反對或漠視者亦所在多有。若論國學研究與當代中國研究之間的對話，以及國學研究與社會科學當代理論之間的溝通，無論是規模或深度，則均甚有限，至於國內學者能在著述中融入這些不同知識資源並做討論者，並不常見。反之，在西方學界第一流的著作中，這卻是常有的現象。舉例來說，G. Sartori的《政黨與政黨系統》⑱是一本分析當代世界政黨類型的名著，其中對「政黨」此一詞彙的字源分析，古典概念的因革，以及在西方歷史上的變遷過程等，均有基於原文（拉丁文等）資料的第一手掌握。同時，這本書在對國際間政黨資料的掌握，也展現了相當豐富的世界觀。這種立基於現代西方，向西方古典傳統及現代非西方世界進行對話的書籍，在中國學界中還不容易找到類似的成功案例。事實上，中國學界中並不乏研究國學與經典知識的權威著作，但在中國學術的領域之外，一談到當代西方或非西方世界時，就易流於泛泛之談。在這樣的處境中，若要求與國際學壇的實質溝通，或期許深

⑱ Giovani Sartori, *Parties and Party Systems*, Cambridge University Press, 1976.

度的中西對話，自然是不容易的事了。

當然，學術的績業必須滴滴點點、日積月累；緣木求魚，好高騖遠，並無助於學術與知識的成長。在中國學界各項學術領域均待加強建設的今天，我們與其盼望知識領域廣博的大型權威及早產生，還不如期待各專門學科中先產生一些小型的權威，建立起專業評判的標準與學術溝通的管道，假以時日，才能再論其他。因此，當前的要務之一，是強調專業知識的重要性。我們必須有計劃的運用學術與教育系統，積極地培養一批批的希臘哲學專家、拉丁文專家、西歐社民黨基民黨專家、北歐福利政策專家和東歐、蘇聯、南美、非洲專家等。同時，我們必須鼓舞學者運用日文、法文、俄文、英文、梵文、瑞典文等文獻資料，檢視國際學界的漢學成果，並積極培養自己的佛學專家、道教專家、西夏專家、社會經濟史專家和臺灣史專家等。唯有當我們一方面對國際學壇與國際重要的知識領域有基本的了解，另一方面對中國學的知識也有深入的掌握之後，我們的知識與文化界才可能到達國際的水平，未來也才能培養出一批立基於自己的文化傳統，向世界發言的權威大師。此一理想的實現，現在看來，還甚爲遙遠，但如果能從現在做起，把知識文化界的空白領域逐漸充實起來，則兩三代之後，或許就是氣象萬千，權威輩出了。

一九八一年，費孝通先生在英國得到了人類學的最高榮譽赫胥黎獎，在得獎演說中，他曾自謙無法與過去得獎者的學術成績並比。費先生雖是傑出的中國社會科學家，而且有一些傳世的名著，但若衡量過去三、四十年來的學術績業，則他上述的一席話，或許並非自謙之詞。這一方面說明了中國學者在大陸層層環境限制下的無奈與悲涼，另一方面也警惕我們，必須善用自由的空間，及時起而力行了。誠然，學術自由的拓展，還需要外在環境的配合。因此，仍有許多人會為了與學術無關的問題耗費許多時間與生命力；但是，對大多數的知識工作者而言，卻必須拋開這種泛政治主義與泛道德主義的泥淖，確實的做一些學術奠植的工作。如果一個學術與知識工作者兼扮了太多從政者與社會批評者的角色，或者太依戀於「文化明星」的光耀，那麼在社會的注目、政治的纏繞與觀衆的掌聲之外，他總難免於學術的荒疏、內在的心虛和靈明深處的自責。在一個學術不能健全發展的環境裏，如果上述的現象不能根本解決，那麼與學術無關的標準就會不斷進行侵擾，則眞正的權威也就不容易建立了。

近百年來中國學術與文化界的衰弊，有相當程度就是上述情況的反映。但是當前政治與社會經濟環境的進展，應該讓我們開始善用自己的學術自由了。畢竟，中國知識與文化界的荒蕪已經爲時太久了。唯有讓我們放開視野，拋掉傳統與西化的兩執，眞心逐步地向傳統、向中國、向西方、向日本、向國際學壇對話、學習請教，我們的學術自主與文化發展，才會在批判的與繼承的相互基礎上，建立起穩固的基石。

最後，我再重複一句：學術自由的運用與知識權威的奠植，必須依據學統本身的標準，並且，應以今日爲始！

——一九八三年秋初稿
一九八五年秋二稿
一九八九年冬校

第二輯　民主與傳統

五四時代的民主觀對中國政治發展的影響

導言

五四運動至今已經七十周年，七十年來，中國的知識分子與青年學生年年紀念五四，年年重倡五四所揭櫫的愛國、自由、民主、科學等主張，但成效依然不彰。今年的五四，臺海兩岸與海外的中國人又在紀念五四，在中國大陸，隨着倡議改革而失敗的胡耀邦之故去，大陸的青年學生與知識分子又有了新的紀念課題。正像十幾年前的四五天安門事件，藉紀念周恩來而重現了五四學運的抗議精神，今年五四前夕的大陸各地，也已暗佈着另一股學生運動與民主運動狂潮。而在臺灣，隨着政治反對力量走上議會與街頭，民主的聲浪早已無遠弗屆，但是，隨着政治運動的日益激進化，以及政治上隱伏的兩極化趨勢，使得人們不由得重新思索着：到底我們應該如何走出自己的民主之路？我們的民主前景究竟爲何？而反省五四的歷史教訓，以及重估五四時代的民主觀，都不是沒有深意的。

在這篇綜合性的文章裏，我將從總體性角度，分析五四時代的民主觀的特質，以及它與當前中國政治發展的關係。本文所謂的五四時代，亦卽二十年代，從一九一九年至一九二七年，以有別於其後的三十年代❶。但是由於五四精神的深遠影響意義，因此五四的影響並不僅限於五四時代。

五四時代人物對民主的觀點，並不是全然一致的，其間有主流，也有偏流和歧出。事實上，一個政治動亂與思想啓蒙的時代裏，觀念的紛雜多樣，本來就是常態，但是在五四時代的多元思潮中，卻有一支共通的主流，對民主思想發生甚大的影響，此亦卽民族主義與反傳統主義❷。

❶ 本文所使用的年代劃分，是一般通用的分法，依序爲五四時代、三十年代（一九二八—一九三七）、抗戰時期（一九三七—一九四五）等。

❷ 關於五四時代的反傳統主義，林毓生先生有精闢的分析，請見林毓生著，《思想與人物》（臺北，聯經出版公司，一九八三），頁一二一—一九六。及林毓生著，穆善培譯，蘇國勛等校《中國意識的危機——「五四」時期激烈的反傳統主義》（貴州，貴州人民出版社，一九八八）。

在民族主義的強烈訴求下，五四運動的主潮觀點認爲，爲了民族的榮光與國家的富強，必須以民主與科學爲奮鬪標的，才能使國家臻於統一，使社會達到進步文明，也才能使全中國達到富強與現代化的境地。換言之，民主與科學，乃是使國家富強，民族進步的重要憑藉。

但是弔詭的是，五四愛國運動所揭櫫的民族主義，卻也伴隨了反傳統主義的狂潮，對傳統文化的無情的、整體的批判，遂與當時要求西化的民主與科學訴求相結合。在這樣的文化與思想氛圍的影響下，許多五四知識分子所要求的民主，也就轉而成爲擺脫傳統封建桎梏與打倒軍閥專政的解放工具了。

但是，民主本身雖然也包含了一些「解放」(liberation)的成分，解放卻不能保障民主的奠立。事實上，解放與民主之間，是存在着某些緊張關係的。

解放論與民主觀

解放論的基本內涵，是要求解除傳統的束縛，擺脫政治經濟的壓迫，以及廢除社會上的不平等現象。但是，解放卻也會經常帶來無政府式的動亂和不安，最後則可能在收拾動亂的殘局後，帶來了新的專權與恐怖統治。法國大革命中的公安委員會，卽是一個鮮活的例證。一九四九年中國的共黨革命雖然也帶來了某種形式的解放，但最後的結局卻是更殘酷的極權統治。目前中國大陸重新興起的文化批判運動，又一次的以反傳統文化爲其標的，重新要求文化上的再一次解放，這對當年以反封建傳統起家的共黨而言，無寧是一大諷刺。這也說明了解放式的自由觀與民主觀，並不容易帶來實質的民主，而且往往造成另一次專制的循環。

五四時代的民主觀的限制，不僅在於解放論的偏執，也不僅在於對傳統文化的無情否定，而且在相當程度上，也受到民主工具說的局限，亦卽將民主視爲達成國家富強的工具或手段。這種觀點並不像西方自由主義者所強調的，將個人視爲一不可抹殺的道德主體，亦卽將個人的自由與人權視爲基本之政治目的，卻不可以因爲任何其他集體性之目的（如國家或黨的意志）而受到戕害與犧牲。此一工具論的缺憾在五四時代左派知識分子身上，體現得最爲明顯。他們當年對中共的戕害人權事實的忽視，以及對毛式農民共產主義的同情，卻無視農村革命中的腥風血雨，都在在顯示了他們對西方自由主義的民主觀，缺乏了積極的肯認。

如果進一步的以列舉的方式，對照西方自由主義民主觀與五四時代民主觀的異同，它們的分野是不難顯現的。

首先，西方自由主義者認爲，民主信念必須建基於整體文化之中，民主不僅是一種政治形式，一種解決權力分配與政治衝突的手段，而且也是一種生活方式。換言之，穩定的民主文化不僅僅表現在議會、政府與公共團體之中，而且也必須是在整個政治社會化的環境中，都展現出民主的寬容精神。基於此，一個生活在父權專斷陰影下的家庭，它的子女的民主訓練往往是不充分的；一個長期受到男性沙文主義牽制的家庭成員，也容易缺乏積極體認男女平權的健全的民主觀。進一步來講，如果學校教育內容本身缺乏了民主的訓練，師生間也沒有自由溝通的充分條件，那麼學生的民主人格也就不易充備，而如果是在一個政黨內部，未能實施黨內民主，則不僅僅會造成黨內的集權專制，而且這個政黨一旦執政後，也一定不會主動的實施民主。

基於此，「民主乃是一種生活方式」的論點，也就意涵着民主必須是漸進的、潛移默化的，而且必須落實在全民生活的各個層面與各個角落。這也就意味着，民主必須與文化傳統相容，惟有當文化傳統與民主價值能榫接契合時，穩定的民主才可能建立。否則卽使有民主的行動，民主的基礎仍是不夠穩固的。

但是五四時代的知識分子，尤其是要求西化與反對傳統的知識青年及文化人，在國難的煎熬下，卻等不及文化與思想的改造，他們急切的要求與封建傳統及吃人的禮教割離，他們要求在解放的基礎上快速的建立起民主體制❸。但是，他們卻忽略了，雖然要求的是解放與擺脫傳統的束縛，他們自己卻無從在空頭的基礎上建立起民主的觀念與規範。因此，他們雖然反對傳統、要求民主，但他們的基本性格與行爲模式卻仍然受到不民主的傳統因素的囿限。也就是說，他們雖然以民主爲基本訴求，但自己的作爲卻往往有違於民主的基本原則。譬如說，他們可以用危害他人基本人身安全與自由的革命手段，向政府挑戰。他們卻有意或無意的忽略了，如果是以不民主的手段來爭取民主，本身就已經違反了民主自由的基本原則。而且當這種手段經常被運用之後，民主就降格而爲一種以奪權爲實的口號了。這就是變成了唯有奪權成功，民主才算成功，奪權未成，則民主未竟。民主就淪爲奪權的手段，至於奪權成功之後是否去建立眞正的民主，也就成爲次要的事了。

上述以反傳統、反封建爲基礎的五四式的解放論，由於忽略了人本身不可能與文化傳統眞正割離的本質，也由於忽略了民主程序與民主手段的必要性與迫切性，結果解放本身並未能爲中國帶來眞正的民主，更沒有爲中國人帶來眞正的民主政治文化。這也可視爲西方自由

❸ 近來已有許多文章檢討五四時代的急切心態，大陸學者張靜如先生，即曾撰〈忙中出錯——說五四精神之弊〉一文。不過張先生文中主要強調左派的忙中出錯，與本文強調的重點不同。張文收入《五四與現代中國——五四新論》（山西人民出版社，一九八九）頁五四—六一。

主義與五四時代民主觀之間的第一項重要分歧。

精英論與大衆民主

五四時代民主觀與西方自由主義觀的第二項重要分野，是中國自由主義者的精英主義色彩。其中可以用自由主義者胡適之等先生的言論做爲代表。

一九二二年五月十三日，以蔡元培、王寵惠等先生爲首的十六位知識界領袖，簽署了由胡適起草的宣言「我們的政治主張」❹，要求政治改革，其中包括了三項基本原則：㈠憲政的政府、㈡公開的政府、㈢有計畫的政治。他們在宣言中認爲，一個好的政府，「在消極方面是要有正當的機關可以監督防止一切營私舞弊的不法官吏」，在積極方面則應包含兩點：

⑴充分運用政治的機關爲社會全體謀充分的福利。

⑵充分容納個人自由，愛護個性的發展。

---

❹ 引自蔡尚思主編：《中國現代思想史資料簡編》(浙江人民出版社，一九八二)，第二卷，頁七六一八〇。並參考張忠楝著：《胡適五論》(臺北，允晨出版公司，一九八七)，頁一一六五。

值得注意的是，雖然他們強調了全民福利與個人自由的價值，但並未強調全民參政的重要性（這點當然也與當時中國的經濟落後與民智未開有關）。相反的，他們卻深信「中國所以敗壞到這個田地，雖然有種種原因，但『好人自命清高』確是一個重要的原因……因此，我們深信，今日政治改革的第一步在於好人需要有奮鬥的精神。凡是社會上的優秀分子，應該為自衞計，為社會國家計，出來和惡勢力奮鬬。」

六十幾年之後的今天，我們重顧上述這段文字，一方面固然要肯定他們鼓勵好人出頭，建立「好人政府」的苦心；但另一方面，我們卻也不由得的說，五四時代的自由主義者，對民主制度的奠立，實在太過一廂情願了。

從事後之明的角度看來，民主制度的型塑，最重要的並不在於好人當政，也不在於胡適等先生所強調的，消極上的「有正當的機關監督防止一切營私舞弊的不法官吏」。因為在中國傳統的專制王權中，本已安排由清廉耿介的諫官制度來防止官員營私不法，而且在歷史上一些制度上軌道的時代裏，許多包青天式的好官參與政治，探查民隱，不但接近「好人政府」的理想，而且也為「開明專制」留下了成功的註腳。但是這種開明專制卻絕不是民主政治。因為它缺乏了制衡機制與制度化的反對勢力。

當然，我們不應忽略，胡適等先生是因為目睹中國當時的亂局，連基本的司法與監察制度都無法發揮起碼的功能，政治實在是敗壞得太不像話了，乃不得不有「好人政府」的呼籲。更何況，他們所強調的另外兩項積極條件中，對基本人權也有所肯定，因此也的確包含了部分的西方民主的內涵。

但是，我們仍然要說，「好人政府」很快就失敗了，這不僅僅是因爲當時軍閥亂政、時運不濟，而且更重要的是，在民主條件根本不具足的環境裏，將民主的理想放在少數德行操守良好的秀異分子身上，乃是不切實際的❺。從近年來發展中國家與後工業化社會的民主發展經驗看來，這些地區的民主成長主要是因爲經濟發展，以及因爲經濟發展而產生的富裕的中產階級、普遍而高度的國民教育水平，和獨立自主的經濟與社會力量❻。在各種條件及時

❺ 關於將民主發展寄託於德行之士的困境，有關分析頗多，亦可參見作者與韋政通、張灝等先生的對談〈臺灣政治轉型的困境〉（臺北，《中國論壇半月刊》第三二五期，一九八九年四月十日）頁三四—四三。

❻ 關於民主發展的條件，美國學者杭廷頓認爲，包括了下列各項：㈠基督新教、㈡富裕的經濟、㈢傳統社會的多元主義架構、㈣自主的資產階級與市場導向的經濟體制、㈤獨立自主的工會、㈥多數決（majoritarianism）與協商制(consociationalism）之間的取捨、㈦殖民經驗、㈧鄰國民主化氣氛的感染，等項。詳見 Samuel P. Hungtington, "Will More Countries Become Democratic?" in *Political Science Quarterly*, Vol. 99, No. 2, PP. 193-218. 另外可參見，周陽山撰〈臺灣：擺蕩在民主與專權之間的思考〉，《臺灣春秋月刊》，一九八九年一月號，頁三六八—三八九，該文並收入本書。

機配合的情況下，少數傑出的秀異分子固然可以引導民主政治的發展，但民主力量的眞正成長，卻不得不落實於大衆參與層面之上。從此一角度我們就不難了解，不管是一九七五年的天安門事件，或是十年前的「北京之春」，甚至是一九八九年初的簽名要求人權運動，對於大陸的民主發展，都只是有限的助力（但他們的奮鬪精神，卻是令人敬佩的）。事實上，在共黨仍然全盤控制其社會，經濟體制仍然無法私有化，個體經濟在國民總生產毛額中仍微不足道的諸多限制下，在中國大陸建立民主的客觀條件仍然並不充分。換言之，是否好人當政或是否由秀異分子掌政，與是否民主，根本是在兩個不同層面之上。

五四時代的精英論，對日後中國的政治運動，有相當大的影響，從「自由中國」、「大學雜誌」到最近的「澄社」，都不脫精英主義的色彩。而且儘管在這些自由派知識分子當中，不少抱持着「反吃人習俗」的反傳統主義觀點，但是他們的結社模式與異議行動，卻有甚爲深厚的傳統色彩，且與東漢以來知識分子的抗議傳統直相榫接。尤其是當代知識分子在異議運動中所強調的道德判準，以及對所謂「眞知識分子」、「僞知識分子」分野的堅持，更饒富傳統泛道德主義的意蘊。因此，儘管這些自由主義者傾向於反傳統主義，但在未言明的實際行動層次上，他們仍然受到傳統模式的制約。事實上，傳統文化潛移默化的影響，早已透過各種不同的社會化機制（如家庭、學校、讀物、傳播媒體等）傳達到社會中的各個角落。卽使是知識分子有意的採取反傳統主義的觀點，但在他們身上的傳統文化的根柢仍然是抹消不去的。由此益可見傳統因素的重要性。

五四時代知識分子的精英論雖然有其深遠的影響，也普遍的存在於當代自由主義者之間，但它卻與西方經驗民主理論家所強調的「競爭性精英論」(competitive elitism)相當不同。西方當代民主理論家從實際的民主運作層面，發現卽使是在多元政體(polyarchy)之中，實際上主導政治的還是少數的精英分子，他們指出，全民參與以及參與者對政治事務應有深刻認知的古典民主觀念，並非當代西方民主運作的實情❼。因為眞正非常關心政治事務的人們，往往只是社會中的少數，而一個正常的社會中，總有許多人是對政治冷漠的。如果在一個社會中跡近全民對政治高度參與，這種情況若不是顯示了此一社會已發生了政治或社經危機，就是由於人民被政府動員起來參與政治活動。但是在一個正常運作的民主制度中，眞正的政治主角卻只是少數的精英分子。

❼ 有關競爭的精英論，多元主義與修正的多元主義的異同，參見：David Held, *Models of Democracy* (Stanford: Stanford University Press, 1987), Part 2. 及 Giovanni Sartori, *The Theory of Democracy Revisited,* (Chatham, New Jersey: Chatham House,1987), Chapter 6.

應強調的是，在上述「競爭性精英論」中所指的精英，與五四自由主義者的精英論內涵，卻相當不同。前者的精英來自於社會各階層，他可能是商人、農人、知識分子、勞工、律師，甚至是演員，換言之，他是社會中各種多元組成的代表，他所代表的就是多元競爭的社會利益。但是在中國自由主義者眼中的精英主體，卻應是爲民請命、爲民謀福的有良知的知識分子。他們爲民前鋒、爲民喉舌，爲的是帶來廉能政治與好人政府。因此，在他們心目中理想的民主政治，與西方民主政體中利益政治的運作實況，存在著非常大的差異。因爲，西方民主政治的內涵本來就反映着資本主義的實況，而且是以資產階級的利益爲主體，卽使是採行民主社會主義的國家(如瑞典)，非常強調社會福利與所得平均分配，但它的經濟體制仍然是資本主義式的。因此，西方民主政治中參與運作的核心精英，乃是在法制規範下以利益（而非知識分子良知）爲主導。對於此一關鍵問題，五四知識分子出現了兩種不同的主要觀點，自由主義者肯定西方式民主的基本架構與內涵，並注入了中國傳統對「德治」政府的期盼⑧。

⑧ 美國漢學家墨子刻（Thomas Metzger）也指出了當代中國自由主義者思想中不知不覺的「德治」的預設。他說：「這個預設就是『君子之德風，小人之德草』的看法，卽是在社會完全自由的情況下，開明的知識分子會『形成公是公非的共識』，而以這個共識徹底修正老百姓的落後思想。」詳見，墨子刻撰，〈從約翰彌爾民主理論看臺灣政治言論〉（《當代》月刊，第二十四期），頁七八—九五。引文見頁八八。

另一方面，共產主義者與左派分子卻否定了西方的資產階級民主，最後則選擇了無產階級民主的道路。

羣衆政治與「無產階級民主」

五四時代民主觀與西方自由主義民主觀之間的第三項分野，卽是五四後左翼思潮中所強調的羣衆政治、階級鬪爭與無產階級民主。與前述第二項的自由主義精英論不同的是，左翼的社會主義者與共產主義者主張走入民間、走入羣衆、向羣衆學習。甚至要求在下鄉的親身體力勞動中體會勞動羣衆的艱辛。而此處所謂的羣衆（mass），並非一般平民大衆，而是專指無產的工農階級。在「羣衆」這一字眼的主導下，階級政治的本質就是羣衆解放、階級鬪爭與流血革命。而且要不計一切手段，以奪權制勝爲其目標。因此，在所謂的無產階級民主體制下，所有的資產階級敵人都必須被推翻與改造。社會的財富分配也要經由暴力與強制的方式完成重組，使財富從上層的資產階級與資本家手中轉移到下層的工農身上。在此一過程中，自由經濟與私有制被統制經濟（command economy）與公有制所取代了。共產黨做爲革命的精英力量，則以強制而不容情的鐵血手段變成國家與社會每一部門的新主宰者。

對於共產黨而言，西方自由主義的議會民主是殘缺而片面的，資本主義的民主體制，只不過是共黨在奪權過程中的一塊踏板，一旦它的利用價值喪失，此一民主體制就要被鏟除了。一九四九年之後，中共統戰政策所利用的各民主黨派逐漸銷聲匿跡，當年為共黨革命提供協建功勞的民主人士與自由主義者紛紛中箭下馬，其中一部分人甚至被剝奪了最後的生命權利，這不但顯示了社會主義民主（或無產階級民主）的眞正本質，以及共黨革命的恐怖與無情，也說明了某些自由主義者的浪漫與無知。五四時代反傳統主義與反封建專制的解放論，在共黨奪權中提供了間接的助益，但最後卻也因為另一個無遠弗屆的極權幽靈的出現，而為解放論奠立了自己的墓碑。解放與民主之間的差異，在此也用血跡寫下了另一頁慘痛的史篇。

關於西方資本主義與無產階級民主之間的分野，此處無需多述。但我們必須強調，儘管資本主義民主有諸多的缺失，也的確是以資產階級利益為其主導，但事實上也唯有在此一民主體制之下，各個不同的社會階級與社會團體，才能夠享有起碼的生存空間，並得到基本的人權、自由與民主的保障。因此，截至目前為止的當代民主經驗，仍以西方資本主義民主為其主體。相反的，所謂的無產階級民主（實為無產階級專政），它的實踐經驗（尤其是在東歐、蘇聯與中國大陸的慘痛經驗），卻已充分證明其虛偽與恐怖的本質。五四知識分子中一部分的偏流走上此一道路，無寧可說是近代中國的最大夢魘，而且至今仍然無法超脫出來。這或可視為五四時代民主觀（雖然只是其中偏流之一）對日後中國政治發展最為負面的一項影響。我們在檢討對五四功過之際，或許也應強調這一點吧。

——一九八九年五四

五四與當代中國的民主

對於當代大陸的中國人而言，五四無寧是一座遙遠的明燈，它所標誌的民主與自由，至今仍是遙不可期的夢想。對於當前在臺灣的中國人而言，五四卻已逐漸歸入了歷史，五四當年所揭櫫的標的，也已逐漸在近年的臺灣展開。因此，除了部分的知識分子與青年學生，仍然撫今追昔，藉著對五四運動的紀念與反省，檢討五四新文化運動的啓蒙價値及其對愛國學運的啓迪貢獻外，如何進一步的超越五四，卻成爲更重要的課題了。

但是，如果深一層的從觀念的流變與制度的變遷的角度觀察，我們卻可發現，海峽兩岸的中國人，仍然受到五四時代的民主自由觀的深刻影響，儘管時代的條件與環境已不盡相同，但思維模式與思想內涵卻仍存在著明顯的賡續與傳承。

在五四的持續性影響中最明顯的一項就是，再一次的從解放論的角度詮釋民主與文化。在當前大陸，以「河殤」爲代表的對傳統文明的整體性批判，像五四當年知識分子主流對封建傳統的批判一樣，又一次的對自己的文化根柢做了整體性的挑戰。這一方面說明了整體性反傳統主義的思想模式，仍然規範著新一代的中國心靈；而且弔詭的是，雖然新一代的大陸知識分子是生活在一個以反封建傳統爲口號、以進行文化革命爲標的的社會中，但他們依然覺得，他們仍然是活在傳統文化的陰影之中。因此，他們不僅要從思想內容上對傳統文明進行再批判，而且要進一步的，對他們反傳統主義思想模式上殘留的傳統陰影，再做反思。

換言之，他們認爲，雖然中共是以全盤性的反封建論起家，但由於它仍然受到傳統政治文化模型的囿限，最後卻結合了傳統的封建政治模式與反傳統的思想論式，造成了一個比過去封建專制更爲專權的極權幽靈。在思想層面上，情況亦同。毛澤東雖然在表面上繼承了馬列的唯物論，但無論是在「三面紅旗」運動或「文化大革命」中，他所強調的卻都是受傳統唯心主義模式影響的人定勝天說或思想改造論，卻忽略了馬克斯主義所強調的物質與經濟基礎。最近十年的中共經濟改革，重新強調經濟與物質基礎的重要性，無寧是對毛氏共產主義的一種反動與矯治。但是在統治精英身上所瀰漫的封建思想遺緒，卻無法使經改與政改跨出更大的腳步，這不但造成了改革的死胡同，也顯現了傳統的執拗性影響。

而在臺灣，民主運動中誠然有許多人堅持著自由主義基本信條的民主觀，但普遍蔓延於反對運動中的民主認知，卻主要是一種革除封建威權統治，並取而代之的解放論。在這種解放論的主導之下，西方自由主義者所強調的公民意識、憲政權威、程序民主、溫和的民主人格、寬容的人道襟懷與漸進的民主訓練等，卻顯得黯然無光。相反的，無論在街頭運動或議會政治中，卻普遍出現了「咱要出頭天」、「愛拚才會贏」、「以暴易暴」、「不民主毋寧死」、「百分之百的言論自由」、「今天就要人權」、「以革命手段爭取民主」與「打倒權威才能得到自由」等激進的解放式觀點。換言之，型塑著西方民主政體的公民文化（civic culture），以及強調漸進變革的民主原則，都在解放與奪權的要求下，顯得不夠積極了。事實上，在解放論的主導下，似乎只有反對派的奪權成功，推翻威權體制，才是民主的唯一出路。至於反對派日後是否會成爲另一個威權政治的主角，是否會造成另一次的專制循環，卻完全不是激進的運動家在現階段強調的問題。

解放論與眞正的民主信念之間最大的差異是，解放論只以民主體制爲手段，卻以推翻舊體制、建立新政權爲目標。由於民主在此一目的論下，只具備了工具性的價值，因此如果奪權手段本身不民主，甚或威脅到他人的基本人權，但只要能促成推翻舊政權的標的，使其及早完成，也就變成爲可以容許之事。因此，在臺灣的社會中，也就出現容許「藉必要但不合法的手段抗爭，以突顯政治體制的不合理」的奇特現象了。但是，持這種觀點的民主運動者，卻忽略了，如果應用同樣的論證模式，以期解決其他不合理的制度性問題，究竟會造成怎樣的後果。譬如說，如果是「藉必要但不合法的手段抗爭，以突顯『經濟』結構的不合理」，那麼如果一次搶劫行動能達到平均財富的效果，這種行動就會變成爲一項「義俠」的行爲，也就應該受到社會的寬容，並免於法律的裁判了，但它的蔓延後果卻是極端危險的。

從國際的層面看來，人權與民主已逐漸成爲國際間共同認可的標準，因此，所有強調溫和理性、不妨礙他人基本人權的異議性行動（如沙卡洛夫或方勵之的抗爭），都會得到國際人權組織與自由民主力量的聲援。但是，凡是威脅到他人基本人權，違反了基本民主原則的反對性運動，卻往往會被歸類爲激進暴力或恐怖活動，即使是以解放爲名（如「北愛爾蘭共和軍」和「赤軍連」），卻無法被當做和平民主運動的一部分。從此一角度看來，堅持人道原則、民主程序與理性手段的重要性，是必須被肯定的。

在五四時代，許多左翼知識分子一度曾把民主當做富國強兵的手段，但他們最後卻爲了富國強兵，爲了民族的榮光而放棄了民主、選擇了無產階級專政的革命路線。這和當前臺灣以解放與建立新政權爲目的的暴力激進派相似，都缺乏了對民主價值與民主程序的積極肯認，這也說明了民主的實踐在中國的環境裏，的確是相當艱難的。

民主在當代中國的另一層困境，是五四時代反傳統主義的持續性影響。即使是某些堅持理性原則與民主程序的自由主義者，也不易超脫此一囿限（但並非所有自由主義者都無法自覺的擺脫此一影響）。

在當代中國自由主義者的言論中，許多人強調回歸憲政，廢除「動員戡亂時期臨時條款」、放棄特權壟斷、追求多元與開放等民主的原則，這無寧都是值得肯定的。但在肯定民主理念與民主原則的同時，卻也有不少人繼承了五四時代反傳統主義的模式，強調「舊禮教社會吃人」的觀點，他們認爲，雖然在臺灣舊的特權結構業已解組、封建的舊禮教也逐漸受到揚棄，但他們認爲舊的特權結構正由新的取代，而新的社會不公與不義，仍在到處吃人。但是，他們卻未能更進一步的去積極正視一個五四時代留下的困局，那就是：文化的新生與民主的建立，並不能僅僅依賴反傳統與追求民主的政治行動。相反的，正視並仔細的反省傳統文化中的積極因素與負面影響，以期使穩定的民主文化能與傳統榫接，卻是精英知識分子無可逃脫的重責大任。

在民主政治與傳統文化的關聯問題上，反傳統主義的知識分子顯然忽略了過去幾十年來，其他知識精英對於五四時代民主觀與解放論的反省。這些反省的意見並不一致，但都各有所見，頗值得自由主義者深切檢討。這些意見包括了：新儒家學者早年的文化宣言與「民主開出論」，包括了其他自由主義者對五四知識分子「藉思想文化以解決問題」的方法的檢討，也包括了「批判的繼承與創造的轉化」等反省論式。在上述這些意見當中，觀點儘管歧出，但卻共同指陳了一個重要的方向：有鑑於五四的教訓，我們不能再簡單的、整體性的面對自己的傳統，在批判封建傳統的同時，我們必須反省在自己身上殘留的傳統性影響。譬如說，和西方民主經驗中大衆參與的原則相比，我們在中國推動民主的過程中，是否過度的強調了知識精英的重要性?是否無形的受到了中國傳統文化中精英論的影響?在強調「眞知識分子」與「僞知識分子」的道德分野之際，我們是否也不自覺的繼承了傳統泛道德主義的批判模式?而在強調有道德的眞知識分子應議政與論政的同時，是否也忽略了，西方多元民主體制中的精英分子，事實上多來自商界、軍界、農村、工人羣衆和其他社會階層，而我們的精英分子，卻率多出自於校園和知識圈?因而我們所批判的臺灣工商界特權現象，事實上卻可能也是當前西方多元民主體制中的普遍缺失?

上述的疑問將使我們進一步的反思：或許西方多元的民主體制，並不全然就是我們的民主理想所在，而傳統文化中對於有道德的知識精英的尊重與期待，或許更適合於我們當前的環境。因此，我們必須在堅持基本的民主原則與民主理念之餘，進一步的強調立基於批判並繼承文化傳統的基礎上，反思民主政治文化的整體構建問題。我們必須對西方以資產階級爲主導的多元政體（polyarchy）的利益政治，做更多的批判與反省，也必須對新多元主義（new pluralism）、民主社會主義、新馬克斯主義等學說的國家論與民主觀，做更深入的探索，並分析其中的論辯要旨。經由批判的眼光反省西方的民主理論與民主體制的實踐經驗，我們才會更清楚的了解什麼才是眞正應期待的民主，什麼樣的言論與行動（無論在朝在野）有違於這樣的民主的標的，而必須進一步對之進行批判與反思。

但是，上述的反省卻必須建立在一個基本前提之上，那就是：從自省的角度檢討我們當前所立基的傳統，此一傳統可能是五四之前的封建傳承，也可能是五四以來所強調反傳統主義的「新傳統」。如果我們已不自覺的承襲了五四反傳統論的思考模式，將傳統簡化而爲「封建餘孽」或「吃人的禮教」，那麼這樣的思維模式就會限制我們去珍視傳統遺產中可以保留的價值內涵了。進一步的，我們也就可能和五四時代知識分子一樣，忽略了自己在反傳統的主張背後，仍然殘存的傳統積習了。

我們必須承認，即使是反傳統主義者，但在他的身上卻往往還存在著某些傳統的影子，每一個個人都是不容易與他的傳統完全割離的。同理，一個在不民主的政治文化中成長的民主運動者，即使他冒險犯難，努力推動著民主的績業，但他本身的民主人格是否完備，還是待考的。我們固然要對他的民主行動表示肯定，卻不能不謹愼的觀察，他的民主人格是否也表現在政治行動以外的領域裡。譬如說，他在家庭中究竟是一個男女平權主義者，還是一個男性沙文主義者？他在學校裏，是一個接納學生雅言的民主導師，還是只知強調師生分際與師道威嚴的威權主義者？他在社團活動中，是一個強調秩序、威權與目的至上的領袖，還是強調充分溝通、民主程序與分層負責的民主實踐者？經由這樣多方面的觀察，我們才能確定一個政治上的民主人士，究竟是將民主當做一種普遍的生活方式進而內化爲人格，並且與他自己所接受的傳統根柢相結合，還是說，他只在對外的政治生活中表現了對民主的熱望，但在其他生活層面中卻展現了非民主的，甚至是反民主的積習？

從上述的觀察，我們就不難了解，民主文化的建立，是絕不容易也絕不容忽視的。五四至今已經七十年，但是型塑民主制度的社會經濟條件，在中國大陸卻尚未成熟。在臺灣，民主的社經條件雖已具備，威權體制也已鬆動解體，但民主的政治文化並不充分具備，而且在民主運動之中，仍然展現著濃重的解放論與反傳統主義的色彩。在這樣的處境下，我們就不得不承認，五四對中國民主的影響仍是持續性的，而且五四時代的民主觀，仍然囿限著新一代的知識心靈。的確，五四已經成爲我們當代中國人的一項新傳統了。不論是正面或負面的影響，我們都不能忽視它、漠視它。

——一九八九年五四

批判的繼承與創造的發展

——有關中國學術文化重建的問答

對談者　周陽山
　　　　傅偉勳

周：在當代中國思想發展上，新儒家的影響力在近年來有與日俱增的趨勢。新儒家學者對傳統儒家所做的重新肯定的工夫，對五四以來反傳統主義的偏執所做的批判，均有相當深刻的警示作用。但是新儒家學者的傳統主義立場，也使其對傳統的批判出現相當的局限性。舉例來說，在傳統中國政治的架構中，知識份子的獨立地位就受到王權、科舉等制度的箝制，使得從內聖到外王的理想，一直缺乏實踐的環境與基礎，因此，在儒家政治思想的格局裏，德治的理想實未嘗一日得行於天地之間，知識份子也只能在政權的夾縫中苟安求存了。在這樣的前提下，新儒家學者雖然肯定西方民主自由政治的價值，也了解到儒家政治體制的局限性，但他們卻仍然強調道德第一義和德治的理想。從您個人的觀點看來，這終究只是對傳統的美化，還是基於對西方文化與民主制度的批判反省，而企求在傳統與現代化之間，謀求另一種創造性的綜合呢？

傅：當代新儒家學者對於西方文化與制度的研討與反省，並不夠徹底，雖肯定了西方民主自由法治的價值與適時性，卻從未細查西方民主自由法治所由成立的人性論基礎與倫理道德觀的本質。他們急於打開一條合乎時代需求的儒家外王之道，但是對於傳統的美化綽綽有餘，經由嚴格的自我批評謀求傳統與現代化之間的一種創造性的綜合卻大大不足。這就是我所常說的，張之洞以來基於華夏優越感的「中體西用論」，始終阻礙着他們眞正摸通西方思想文化與政治制度的眞諦，未能從中學得一些正面資糧，藉以開創中國所亟需的「中西互爲體用」之路。

舉例來說，唐牟張徐四位當代大儒在一九五八年所共同發表的「中國文化與世界」這篇宣言裏，儘管承認過去儒家思想的缺點，是在「未知如何以法制成就君位之更迭及實現人民之好惡」，但又主張傳統儒家樹立人人道德主體性的基本立場與「天下爲公」、「人格平等」的思想，必與君主制度相矛盾，必當發展爲自由民主的政治制度。如果是這樣，爲甚麼從孔子直至明代遺民王船山以前的歷代儒者，沒有一個敢想敢說君王制度乖背儒家的道德精神？再者，我們如果比觀儒家所倡道德的理想主義與近代西方思想，則不難看出，前者無法像後者，能為民主自由的政治制度鋪下理論基礎。

民主自由人權乃至法治觀念在近代歐洲的形成與發展，預設了幾個很重要的因素。第一，西方民主政治的思想，乃是基於對負面人性（人人生來由於自私自利而時有利害衝突，甚至為非作歹）的直接肯認，與依據孟子性善論（人皆可以為堯舜，人皆應該努力成德成聖）的儒家德治思想迥不相同。

第二，如用我自創的倫理學名辭說明，西方民主法治所要求的是「最低限度的倫理道德」（minima moralia），譬如人人必須遵守法規與公共道德之類，實有別於儒家所標榜的「最高限度的倫理道德」（maxima moralia），卽要求人人日日向上，終至成德成聖。就內聖之道言，當然可以提倡最高限度的倫理道德；講外王之道的民主自由化，則不能老唱道德的理想主義高調，而是應該針對人性與政治的現實，較合理地要求「最低限度的倫理道德」。我們如果了解到，百分之九十九的人類永不會去做聖人，就不難同時了解到，儒家想從內聖之道（個人道德）推出外王之道（政治道德），是絕對行不通的。

第三，西方民主政治思想與儒家德治思想的另一殊異點，是在前者所強調的道德行為是律法（道德律或法律）中心（rule-centered），而後者所標榜的是（個別處境上）行動中心（act-centered）的。儒家德治思想所講求的是仁人君子在各種處境的個人行為合乎中庸

（時中）之道。這種思想只有助於人治，卻無關乎法治精神。

最後，就歷史背景言，西方民主自由人權等等觀念是由近代歐洲的多元世界或多元社會逐漸發展而來，但在儒家獨尊的傳統中國社會（大一統的單元社會）所產生出來的心態（mentality）是我所說「單元簡易型」的，異乎「多元開放型」的心態。試問：從大一統的單元簡易心態，如何能夠形成民主自由的法治觀念呢？新儒家美化傳統之餘，完全忽視了西方民主法治底層之「體」仍想硬套「中體」到「西用」上面，以便建立儒家本位的民主自由之路，豈非牛頭不對馬嘴？

周：在近代新儒家及各種國學運動的發展上，無論採取疑古、非古或重新肯定的立場，都主要係以儒家爲討論的焦點。但在儒家之外，中國文化中的一些重要質素，如道家和佛家等，卻也一直扮演着相當重要的角色。尤其是從宗教層面觀察，佛教與道教對中國文化與民衆的影響，至爲明顯。但在當代中國學術發展史上，大部份學者的主要精力卻都擺在儒家這一支思潮與制度之上，對於這種偏重的現象，您的態度是怎樣的？您對佛教、道教及其他宗教精神與制度的重要性，又做如何的基本評價？

傅：中國學者偏重儒家研究，由來已久，除了歷史文化上長期的儒家獨尊之外，還有幾項因素，其中有兩點特別值得我們反省。第一點是，中國學者（士大夫）一向帶着過份的華夏優越感，排斥外來思想與文化，佛教的命運卽是佳例。其實，我們如果公平客觀地重新比較儒家與佛教，在形上學、宗教哲學、知識論、心性分析、解脫論乃至藝術創造等等層面，儒家並不見得更爲殊勝。中國學者應該多問：爲甚麼只有發源於古代印度而毫不假借武力的佛教兩千多年來貫通了整個亞洲的思想與文化，而且今天在美國已有形成所謂「美國佛教」(American Buddhism) 之勢?

偏重儒家的一大半中國學者，由於袪除不了「中國佛教不過是印度佛教的延伸」這種狹隘的心理，每每談論中國思想與文化的繼承與發展，總把佛教隔在一邊，視若無睹。他們難道不了解，中國哲學與宗教的歷史如果去掉整個中國佛教，中國典籍如果不包括《大藏經》與《續藏經》在內，是多麼貧乏?

第二點是，偏重儒家本位的「大傳統」的中國知識份子對於構成「小傳統」的中國宗教抱有無謂的成見，認爲從先秦儒家到宋明理學，是道地的哲學思想。影響一般老百姓更爲深遠的道教、淨土宗等民間宗教則與迷信無別，不值得一提。其實儒家本身有多少成份是眞正經得起哲學性證立 (philosophical justification) 的思想?由於一方面在儒家本身哲學與宗教的分際從未清楚，另一方面執守大傳統的中國知識份子又誤以宗教爲迷信，結果是以道教爲首的中國宗教思想與文化方面的學術研究，直至今日幾乎是一片空白。反觀鄰邦日本，早已設有「日本道教學會」，以現代化的學術探討方式廣從宗教心理學、比較宗教學、醫學技術史、民俗學等等角度透視道教（中國唯一的正宗宗教傳統）的本質，在這些研究領域，遙遙領先，影響歐美學者的研究趨向。光是近幾年，就有窪德治教授的《道教史》，數位權威學者監修完成的《道教》三大册等等學術論著出現，怎不令中國學者自我慚愧？

道教研究這些年來在美國學府日受重視，年輕一代的美國學者接上李約瑟在《中國科學與文明》的研究結果，進一步分就內科醫藥、養生壽老術、道教發展史、宗教解脫等等層面了解中國道教（以及其與道家的內在關聯），也有可觀的成績。中國大陸學者近年來對於道教爲主的中國宗教也不遺餘力地嘗試現代化的分類研究，不容我們忽視。

周：在當代東亞文化圈中，日本的中國學研究一直有值得重視的發展成就，僅以佛學研究爲例，就遠較中國學術界更富成果。您曾就禪學大師鈴木大拙與胡適的對辯公案做過研究，也曾從日本文獻出發，對佛學做過深入的研析，您認爲日本佛學的發展與成就，對中國學者有怎樣的啓迪意義？同時，中國學者若欲從事佛學研究，又應具備那些基本的學術工夫呢？

傅：關於日本佛學的發展與成就對於我們的啓迪意義，我想特別強調下面兩點。第一點是，正如已故著名日本哲學家和辻哲郎所說，日本向來是「文化多層性」的國家，而其固有神道只反映了古代日本人的樸素生活方式，本身並無所謂哲學或宗教思想可言，因此不必像中國儒家那樣一味排斥外來思想與文化，反而主動吸取並包容儒道佛三教以及西方各種思想，逐漸形成多彩多樣的日本傳統，其中以具有哲理深度與宗教廣度的佛教對於日本傳統的形成影響最爲深遠，一千多年來始終構成主流，無形中幫助日本知識份子培養多元開放的文化胸襟出來。我們如要重新認識並認眞研究佛教的本質，則不得不學點日本主動吸納外來思想與文化的開放胸襟，破除過度的自誇心理，否則我們在今日的多元世界就無法與歐美日本等各國爭長競勝了。

其次，日本佛教學懂得分工合作，有些獻身於佛教的純學術性研究（如辭典編纂、思想史與文化史的探討、文獻學考查等等），有些較有思想創造能力的，則從事於傳統佛教之「批判的繼承與創造的發展」，行行出狀元，在佛教的研究與發展等每一部門，都有顯著的成績，因此日文也隨着變成現代化的佛教研究最重要的語言工具了。由於日本學者有純粹思想史家與哲學思想家必須分工合作的基本默契，兩者之間不但沒有文人相輕的毛病，反而相得益彰。基於此故，思想創造型的日本學者可以專心探討如何創造地綜合佛教思想（尤其禪宗思想）與西方哲學與宗教思想的現代課題，這就說明了爲甚麼西田幾多郎所開創的京都學派終有思想創造的突破，奠定了現代日本哲學的根基，開始反向西方哲學與宗教挑戰，而令西方學者刮目相看了。相比之下，中國學者一向缺少分工合作的精神，思想史家與思想家常有彼此排擠的傾向，而有志於思想創造的學者由於突破不了傳統的「經史爲重」的學術框架，不得不花費大半時間先搞（哲學）思想史，到了老年再想嘗試中西思想的創造性綜合，成績極其有限。加上對於佛教思想的無謂偏見，到目前爲止沒有一個中國思想家能夠積極地開創包括佛教在內的現代化中國哲學與宗教思想出來，熊十力以「儒家完全取代佛教」的片面性思想創造，便是一個負面的例子。就這一點來說，日本（佛教）學者之間的分工合作對於中國學者實有發人深省的啓迪意義。

新一代的中國學者如想從事於佛學研究，應該具備下列基本學術功夫。第一，一個夠格的佛教學者，除了漢文之外，必須通曉至少一門佛教語言（譬如梵文、巴利文、藏文或日文），如果特別關注佛教研究的現代課題，則日文與英文是最起碼的兩門現代語言工具，缺一不可。老一代的中國學者想走捷徑，多半忽略語言工具訓練的重要性，故在佛教研究方面心有餘而力不足，年輕一代不應重蹈舊轍才是。第二，爲了促進中國佛教的現代化，必須有選擇地接受思想文化史、宗教心理學、宗教哲學、比較宗教學、心理分析、心理療法、解釋學、西方哲學（如存在主義或現象學）與神學等學科或方法論訓練。日本學者所以能夠完成他們佛教研究的現代化使命，乃是由於他們面對西方的衝擊，能從各種學問的角度重新透視佛教的眞諦及其現代蘊含之故。第三，應該循着蘇格拉底的名訓「認識自己，了解自己」，以便決定自己未來的研究方向。其中最重要的，便是考驗自己究屬那一類型：純粹學者型還是思想家型。兼有這兩種型態的天才絕無僅有，每一學者都應捫心自問自己的眞正潛能究竟何在。如果發現自己基本上屬於學者型，還應進一步問自己所將專注的是那一方面，譬如思想史研究還是文獻學工作之類，然後按部就班訓練自己成爲嚴格的專家學者，否則我們的佛教研究永遠停留在籠籠統統的概論式操作，不會有學術性的突破，遑論思想創造性的突破了。

周：二十世紀下半葉的文化發展，證明了傳統宗教雖然面臨了許多新的挑戰，但宗教精神和宗教制度卻不會因現代化的發展而面臨衰頹的趨勢。六〇、七〇年代以來各種新與宗教崛起，同時西方對東方宗教開始了新的熱潮。到了八〇年代，各種「基要派」(fundamentalist) 宗教也盛起於世界上許多地區，面對這種現象，您認爲佛教與佛學研究可能會受到怎樣的影響？而在中國社會裏，宗教的角色及未來的發展又可能面臨怎樣的基本調適問題呢？

傅：關於戰後新興宗教現象對於佛教（研究）的影響，首先應該指出的是，人們會逐漸從廣泛的多元世界宗教現象的角度去重新了解與評估佛教的現代意義，同時也會逐漸擺脫傳統的研究方式，而從宗教心理學、宗教現象學、比較宗教學、心理分析、精神醫學等等嶄新觀點重新探討佛教思想與文化之種種。同時，由於近年來耶教開始主動進行世界各大傳統之間的交流與對談，一向較爲保守的佛教團體也不得不應運參與對談，這對佛教本身的自我革新與現代化很有益處。再者，整個世界宗教的戰後世俗化（secularization）過程當中，偏重出世的傳統佛教也勢必被迫應付政治社會乃至個人現實等現世問題，日本新興宗教（如創價學會）的政治活動與六〇年代越南佛教徒的政治覺醒，都是顯著的例子。我個人格外覺得，佛教已到了不得不脫胎換骨的地步了，其中最大的關鍵是，佛教能否經由中道與眞俗二諦的現代化詮釋建立它本身的社會倫理學，能否挖深「生死卽涅槃」的哲理，以便重新發現生命奮勉的每一時刻卽是涅槃解脫的後現代（post-modern）意義出來。

我十分相信，隨着醫藥科技的後現代化（電子計算化）與物質生活的急速提高，耶教所云「神聖」（the sacred）與「世俗」（the profane），或佛教所分「出世」與「入世」的二元區別會逐漸解消，人們會從現世生活的日日改善這個角度重新探求宗教的需要與意義。就這一點說，不論是大乘佛學的「生死卽涅槃」或是道教的養生壽老之說，抑是儒家所倡「極高明而道中庸」，都會被人們重視與關注。我無法預測未來中國的宗教發展動向，但我堅信，中國宗教（包括宗教層面的儒家）會繼續針對(1)個人生活智慧與社會倫理如何銜接，與(2)入世（現實）與出世（理想）如何貫通這兩大課題自我探索與發展。

周：在基督敎的歷史中，解經學一直有着持續性的發展成就，近代學者更進一步將其引入哲學與人文學科的領域，使得「解釋學」在當代的重要性與日俱增，但是在中國哲學與宗敎思潮裏，卻不易找到類似的顯例。你認爲解釋學的發展，對東方宗敎與哲學的研究有怎樣的參考意義？

傅：耶敎的解釋學在近代由希萊爾馬赫（Schleiermacher）所開拓，繼續發展直至今日。同時在現代哲學界也有伽達瑪（Hans-Georg Gadamer）等依循海德格的存在論理路開創出來的新派解釋學，更加深化了西方哲學與宗敎方面的解釋研究。根據個人多年來鑽研海德格哲學的經驗，我深深覺得，西方解釋學的吸納對於中國哲學與宗敎思想及其發展史的現代化重解或重建（reinterpretation or reconstruction）很有益處。譬如說，兩千多年來的儒家與佛敎這兩大傳統的思想發展，可以分別看成一部解釋學的歷史；換句話說，是分別對於早期儒家的原先觀念（如仁義、性善、天道天命等）與原始佛敎的根本理法（如法印、四諦、緣起等）所作「解釋再解釋，建構再建構」的思維理路發展史。我們今天的解釋學課題是在，如何站在「中西互爲體用」的開放立場，吸納西方解釋學的精華，而建立我們中國本位的新解釋學傳統。這並不是很容易的工作，我個人到目前爲止，也不過構想了所謂

「創造的解釋學」(creative hermeneutics),藉以試用在中國思想(史)的重解重建,自覺有待繼續深思修訂。我們亟需一批有志於解釋學研究的中國學者共同探討此項極有意義的現代學術課題。

周:在近代中國哲學與西方哲學的對話過程中,西方哲學界對中國哲學的「哲學性」一直抱持著懷疑的態度。在美國的各大學哲學系裏,中國哲學與東方哲學多不受到重視,甚至被排斥在外。您是在西方與中國哲學兩方面都有深入研究經驗的學者,面對這種現象,抱持怎樣的態度?而中國哲學專家又如何尋求改進此一現象呢?

傅:美國各大學哲學系不太重視包括中國哲學在內的東方哲學,一方面暴露了西方學者的長期成見,另一方面也涉及東方哲學的內在問題。專就以儒道佛三家爲主的中國哲學所具有的內在問題而言,不能不說中國哲學的「哲學性」確實不足,有待批判性的檢討。中國哲學當然有相當豐富的哲學資料,如果好好挖出其中深意(內在蘊含),則不難看出,中國哲學在形上學、宗教哲學、心性論、倫理學、美學、語言哲學等方面足與西方哲學互相抗衡,且時有較後者殊勝之處。但是,傳統的中國哲學家多半以被動保守的注釋家姿態去作哲學思維,又因急於提出實踐性的結論,動輒忽略哲學思維的程序展現與哲學立場的證立工夫,而以生命體驗與個人直觀的籠統方式表達哲學與宗教分際曖昧的思想,難怪「哲學性」大大減低。其他如中國傳統語言的過份美化，邏輯思考的薄弱，知識論的奇缺，高層次的方法論工夫之不足，德性之知的偏重與見聞之知的貶低等等，都是構成中國哲學缺少高度哲學性的主要因素。

關於中國哲學的哲學性如何提高的現代課題，兩三年來我慣用「批判的繼承與創造的發展」這個辭語表示我的基本態度。我這個態度的形成，深受西方哲學家與日本京都學派哲學家的影響。我十分同意康德「哲學思維（philosophization）重於哲學（philosophy）」的說法，因爲我認爲哲學思想之所以具有哲學性，並不是在哲學結論的直接提示，而是在乎哲學思維的程序展現。依此規準，一大半的傳統中國思想家根本不能算是（嚴密意義的）哲學家，譬如孔子、老子、董仲舒、周敦頤、程明道等是。如果再就哲學思想的發展史去看，眞正具有「批判的繼承與創造的發展」的精神承先啓後，展開獨創性哲學思想的，恐怕祇剩下孟子、荀子、莊子、吉藏、智顗、朱熹、王陽明等寥寥幾位而已，豈不令人慨嘆？

民國七十三年三月二十二日晚上，中國哲學會與臺北《中國時報》〈人間副刊〉合辦，請我主講「中國哲學研究改良芻議」。我依「中國本位（專爲中國哲學的繼承與發展著想）的中西互爲體用論」觀點提出幾項建議。(1)中國哲學與哲學史內容必須重新釐定，許多純粹宗教思想，非哲學性的政治社會思想等等，都不應放在哲學（史）範圍。如果這樣嚴格地重新審定中國哲學資料，我們就不難發現，最具有「哲學性」的中國哲學資料，除了先秦諸子與朱、王之外，泰半來自中國大乘佛學。⑵哲學研究與哲學史研究的分際應該劃清，俾便哲學家與哲學史家能夠分工合作，分別完成哲學的思想開創與純學術工作的發展與深入這不可分離的兩項哲學任務。⑶從事於思想創造的哲學家也需接受嚴密的哲學史訓練（但不一定要搞通哲學史上的所有資料），逐步培養能夠發掘前後哲學學派或理路的內在關聯性的哲學史頭腦，依此再進一步培養「批判的繼承與創造的發展」精神，以便開拓具有嚴密哲學性的中國哲學之路。⑷爲此，中國哲學家必須面對西方哲學的衝擊，設法早日解決中國方法論的建立課題，其在解釋學、語言分析、比較哲學、後設理論等等方面應多探討。⑸我們必須重新探討中國哲學語言的得失所在，以便經由傳統哲學語言之批判的繼承，設法創造合乎時代需求的哲學語言。⑹我們必須打破「德性之知重於見聞之知」的片面看法，重視客觀的經驗知識，同時奠定知識論的獨立研究與發展的現代基礎。爲此我們必須吸收大量的西方知識論（包括科學方法論與科學的哲學）進來。⑺現代中國哲學工作者必須關注哲學思想（在問題設定上）的齊全性，（在問題解決上的）無瑕性，（在解決程序上的）嚴密性，以及（在語言表現上的）明晰性。西方第一流哲學家，如亞理斯多德或康德，都能注意到此，反觀傳統中國哲學家幾無一人能設想得如此周到。⑻哲學思想要求普遍妥當性或道理強制性，應無任何國界的限制。但是，中國哲學常與華夏優越感或民族興亡混成一團，大大減殺嚴密的哲理普遍性。從今以後，我們應將中國哲學放在整個世界哲學的發展潮流去評衡它的優劣長短，這樣才能提高中國哲學的價值與意義到高一層的世界水平。⑼我已強調了中國大乘佛學爲中國哲學之中份量最重的傳統。我們如要開拓更廣更深的中國哲學之路，則千萬不能忽略佛教思想，否則絕談不上創造性的現代化綜合。⑽最後，中國哲學工作者應該通曉至少兩門外國語文，否則培養不出多元開放的哲學胸襟，這種胸襟與獨創性的哲學思想毫不相違，反而時時能夠刺激哲學思想家百尺竿頭更進一步，在哲學思想上的日日創造、永不停歇。

周：在中國近代思潮發展上，中西文化的溝通曾經出現一個特殊的現象，即西方的哲學與文化思潮，往往是以意識型態的方式被引介進來。意識型態化的結果，是學術思想的無法深植，以及對學術思潮產生破碎支離的了解（甚至是誤解）。舉例來說，雖然馬克思的著作已經有相當完整的翻譯，但基本上多是以教條的態度對待，而對於當代西方馬克思主義的發展，中國學界卻往往缺乏整體的、平情的理解。另外對於西方一些重要的思潮與學派，如批判理論、解釋學、現象學等，中國學界不是出現一廂情願式、信仰式的引介態度，就是止於蜻蜓點水式的淺介而已。其結果則是，或則不加批判的就「信仰」上一個學派（或學者）的知識觀點，或則未能得其精髓，而無法使學術思潮在中國環境裏生根。在這樣的情況下，中國思想與學術界，就無法在辯證的批判與繼承的基礎上，將西方文化發展的成果結合於中國學術思想之中了。當然，上述的現象絕非中國近代學術不振的唯一原因，但無疑卻是今天中國思想文化界出現貧困現象的主因之一。你對此一問題有怎樣的看法。你覺得中西學術思想的溝通應該走上怎樣的方向？而當代中國知識分子究竟應以何種態度面對西方的學術思潮呢？

傅：一百多年來，中國學者所以一直採取意識型態的或是主觀信仰的方式引介西方哲學思想與文化思潮，而在西學研究上始終停留在淺薄的概論化層次，建立不起優良的學術水準，是由種種複雜的因素形成。在這裏，我想特別提醒大家，傳統的中國思維方式或心態，的確對於我們產生過某些負面影響，是妨礙我們摸透西學眞髓的一大絆腳石。第一，傳統的中國思想家多半缺乏批評精神，卻善於籠統大體的調和折衷。記得數年前在紐約參加美國哲學會年會時，與一位對於中國哲學極有興趣的美國教授閒談。他忽然說，中國哲學家（不論是傳統的還是現代的）看來都是「調和專家」。我聽了很不服氣，當場反駁他說，「君不見〈天下篇〉的莊子，〈非十二子篇〉的荀子，駁告子斥楊墨的孟子，乃至批禪評陸的朱熹與攻朱擁陸的王陽明等等，豈不都是經過哲學批評奠定自己立場的？你怎麼可以說他們是『調和專家』？」這位同行聽了之後仍半信半疑。今天回想起來，我不得不大致同意他的看法。

第二，上述第一流哲學家們雖有批評精神，卻從未經由步步分析問題與層層澄淸論辯的方式駁倒異說或證立己說。他們幾乎都是以籠籠統統的兩三句就想罵倒對方了事（吉藏、智顗與朱熹算是極少數的例外）。有一件値得我們注意的是，我們在中國哲學古典裡差不多看不到雙方對辯的詳細紀錄，譬如孟子的斥罵楊墨，宋明理學家的評佛斥禪，都沒有給對方（或其繼承者）反駁的機會。

第三，傳統的中國思想家急於獲得實踐性的結論，故對純理論的知性探求無甚興致與耐性，而在建立自己的思想時，也多半抓住大體，卻拋落了重要細節。所以我說，中國學者容易變成「籠統先生」。

第四，主體性生命體驗的偏好，與急於應用實踐的思考方式，在中國思想與文化的發展上無形構成了我所提過的單元式簡易心態。由是，儒家思想終以最簡易直截的陸王心學爲歸結；老莊的道家思想在郭象之後無有發展，終被禪宗融消；至於大乘佛學，也在宋代之後完全簡易化爲禪宗（自力）或淨土宗（他力），而天台、華嚴等宗統統失去了思想再創造的動力。以上提出幾點，不外是想說明傳統以來中國學者的思維方式或心態，如何負面地影響我們並阻礙我們促進現代化而有深度的中西學術研究。

總之，我們必須克服上述困難，逐漸培養多元開放的胸襟，問題探索與分析的能力，以及客觀嚴格的批評精神。多元開放的胸襟，並不意味著漫無目的地或囫圇吞棗地引介西學。現代中國學者的一大通病是，自己的腦袋天天隨著歐美思想學術新派新潮團團轉，始終追求新奇而不深入，且不知所以然。這樣的學習方式容易產生百科全書型的博學先生，但很難產生具有嚴密分析能力與精銳批判眼光的眞才實學。

關於中西學術思想的溝通方向，以及我們面對西學應取的回應方式，由於篇幅所限，我祇能略提個人管見之一二。關於溝通，我想特別強調一個首要步驟。當我們探討兩種中西學術思想能否或如何溝通時，必須設法發現分別隱藏在兩者的表面結構（surface structure）底下的深層結構（deep structure）。如果我們祇注意到兩者在表面結構的相近類似而沾沾自喜，就無法通透深層結構而發現眞正可靠的溝通線索。關於回應，我想再次強調「中國本位的中西互爲體用論」立場。祇要我們發現任何西方（甚至日本）的理論學說有助於我們批判地繼承並創造地發展傳統以來的中國學術思想，我們應該大無畏地消化它、吸納它，變成我們學術思想的一部分。我們不是曾經消化過印度佛教，創造地轉化而爲我們中國本位的思想文化遺產嗎？我們難道不能揚、棄（揚取精華而棄去糟粕）康德、黑格爾、海德格、維根斯坦、膾因（Quine）、波帕（Popper）等西方第一流哲學家的思想，綜合地創造未來中國的哲學思想嗎？

周：在近代中國影響最爲深遠的一支思潮——社會主義方面，中國經歷了長遠的引介與發展歷程。雖然中國學界對於馬克思思想的研究或批判，至今還處於落後的教條化階段，但在西方左翼思想盛行的六十、七十年代，東方的「毛澤東思想」卻引起過西方知識界相當的矚目。毛思想所引起的革命熱情，也曾在西方極左翼運動中引起深遠的反響。雖然七十年代末期以來，「毛狂熱」已經逐漸冷淡下來，而且在中國大陸也已面臨了重大的批判，但是這股熱潮究竟是什麼因素引起的呢？它的困境與限制又在那裏呢？從您研究近代西方哲學的經驗看來，這股狂熱運動對於當今的知識份子又具有那些反省意義？

傅：毛思想當年在世界各國的極左派政治運動掀起一種幾近宗教狂熱的革命熱潮，推其原因，十分複雜。我在這裏祇想指出，毛思想有過的最大魔力，是在（以「革命實踐繼續不斷」爲口號的）它那無產階級道德的理想主義「浪漫」情調。我認爲，毛是所有馬列主義者當中透過傳統馬列主義的表面結構（辯證法唯物論與歷史唯物論）而重新發現其深層結構（通過無產階級專政徹底改造人性的革命不斷論）的第一人。對他來說，馬列主義的本質已不是在對於人類歷史社會發展的「實然」（is）或「必然」（inevitability）所作的科學解釋，而是在乎無產階級革命道德的「應然」（ought）信念。這種共產道德的理想主義確很容易掀起一種狂信狂飈，文革初期的紅衞兵運動便是最顯著的例子。

毛思想的限制與「毛狂熱」的困境與冷卻，也不是三言兩語可以說盡。不過，我們至少可以指出幾點。⑴包括毛在內的所有馬列信徒，堅信馬列主義為唯一的眞理。因此，馬列主義本身的限制也就變成毛思想的限制，譬如「祇有階級的人性」、「宗教統統是人民的鴉片」之類的偏見就是。毛自己常說：「眞理愈辯愈明。」然而毛想強逼人民接受馬列教條與毛思想為唯一絕對的眞理，又有甚麼好辯？誰敢公然與之論辯？⑵文革期間所流傳的《毛澤東思想萬歲》書尾記載，有位叫韓愛晶的紅衞兵小將問毛：「如果幾十年以後，一百年以後，中國打起內戰來，你也說是毛澤東思想，我也說是毛澤東思想，出現了割據混亂的局面，怎麼辦？」江青當場罵她胡扯。毛則答謂：「想得遠好。這個人好啊！」其實毛的簡答等於沒有回答。韓的疑難已暗示著日後紅衞兵運動四分五裂而全部瓦解的悲慘末運了。文革後期，在毛思想的大口號下一切是非對錯的標準蕩然無存，而所謂「民主集中制」也變成了既無民主又無集中，人人但求自保的亂局。⑶我曾提過儒家從內聖之道推出外王之道的困難。表面上毛思想也是一種(共產)「道德的理想主義」，所標榜的也是一種「最高限度的倫理道德」。所不同的是，儒家以諄諄善誘的漸進方式勸導人人成德成聖，毛則強逼人民立即學做雷鋒般的無產階級「聖人」，不但比儒家困難更多，也同時引起一個嚴重的人性問題：「以強迫手段逼人做聖人，難道是有道德的作法嗎？」關於此類問題的詳論，我有兩萬多字的長篇〈馬列主義的思想困局與未來中國的展望〉，登在美國出版的季刊《知識份子》第二期上，玆不贅述。

毛思想與文革的失敗，給中國知識份子的一大反省是，傳統內聖之道以勸導（而非強逼）的口氣鼓勵人人變成更有道德的仁人君子，在今日世界仍有令人首肯的道理。但是，儒家無法替代毛思想，來幫我們超克封建時代以來的「人治」而建立「法治」。在這一點，我們還得虛心從頭學習西學之「體」，創造地轉化而爲中學之「體」的一部分。

周：在西方近代宗教思想的發展上，人文主義、存在主義哲學、馬克思主義、現象學等思潮，均與基督教天主教系統的神學發生過長遠的對話過程，而且至今各種辯證歷程仍在持續的進行，從這樣的觀點看來，您認爲這些哲學與社會思潮對東方宗教思想是否具有參考與思辨的價值？而東方宗教與東方哲學思潮之間，又有那些值得深入闡發的關係呢？

傅：你所提到的西方哲學與社會思潮對於東方思想極有衝擊或挑激。舉例來說，西方的人文主義與存在主義提醒東方知識份子，個人實存的獨立自主與自由抉擇是保障民主人權乃至學術自由、宗教自由等等的基本條件；現象學的意識分析有助於大乘佛學（尤其法相宗）通過批評的比較嘗試現代化的心識論重建；而馬克思主義早已挑戰政治社會意識較爲薄弱的東方思想，如印度教與傳統（尤其小乘）佛教，以及道教等等。提到這一點，又得回到「批判的繼承與創造的發展」課題了。

至於東方本身的哲學與宗教之間的對話關係，專就中國傳統而言，儒家在世俗倫理上關注甚切，但對宗教解脫與終極關懷（譬如破生死的問題）的深度卻不及佛教，有待繼續探索。佛教對於世俗倫理無甚貢獻，也反過來可從儒家吸取一些正面資糧。

周：近年來宋明儒學與先秦儒家的研究，引起了美國、日本、韓國及中國學術界的注目，面對現有的研究成績，您覺得有那些研究方向值得進一步的加強？而對於其他的中國思想，如佛、道、法、墨諸家，又應放置在怎樣的定位，以與儒學做互相的批判與溝通？

傅：關於儒家研究，我認爲應該擴大我們的眼光，注意到儒學在韓國與日本（以及現在的美國）的繼續發展與創造。我對日本儒學有基本了解，但對韓國儒學一向不太關心。後來參加在漢堡大學舉行的「李退溪國際會議」，寫了一篇〈李退溪四端七情說的哲學考察〉（德、英文雙稿），這才發現到李退溪思想的獨創性，並不在宋明大儒之下。又，目前多半學者仍以治漢學的方式研究儒家思想，我覺得應從比較哲學的觀點去看儒家的形上學、倫理學、心性論等，更有現代意義，更能幫我們批判地探索儒家哲學繼往開來的艱巨課題。

我也覺得，佛道二家經由現代化的重建，可在形上學、語言哲學、心性論、生死智慧等方面供給儒家許多思想資糧，而使儒家本身的思想內容更加豐富與深化。至於法、墨、名等家，我目前還看不出會有甚麼現代化的發展可言，因爲我覺得這些古代學派所提出的思想多半已是歷史的陳品，不及西方哲學的精彩。但我不否認這些學派在思想史研究上的價值。

《中國論壇》二二三期 73、12、25

第三輯　自由化與民主化

民主化、自由化與威權轉型

——國際經驗的比較

前　言

最近十餘年間，由於許多威權政體（authoritarian regimes）紛紛進行民主化與自由化改革，有關之研究文獻與比較文獻不斷出版。因此，自由化、民主化與政權轉型的有關問題頗引起政界與學界的關注。連帶的，相關的研究題旨，如國家（state）與社會的關係，國家自主性（autonomy）與階級關係，國家機制（apparatus）與政權性質等問題，也頗受人注目。本文的寫作動機，係就這些相關的問題做一初步的整理，並著重理論性的分析與國際經驗的比較，另外，也將就臺灣最近的民主改革經驗做一對照分析，藉以彰顯臺灣民主發展的國際性意義。

名詞的界定

首先，需就自由化、民主化與政權轉型這些觀念做一界定，以統一名詞的用法與意涵。基本上，民主化與自由化是兩個性質相近，經驗相關的辭彙，但在當前國際學界的用法裏，這兩個名詞仍有基本的歧義，連帶的，也影響到「政權轉型」這個辭彙的意涵。

所謂自由化(liberalization)❶，指的是使原旨在保護個人與社會團體，使其免於國家非法或違憲侵害的種種權利，得以發生實際效能的一段歷程。這些權利包括：使傳播媒體

❶ 關於自由化、民主化與政權轉型的定義，是綜合自下列各書所採用的界定，由作者依本文探討主旨而重新綜述。這些著作包括：Robert Dahl, *Polyarchy: Participation and Opposition* (New Haven: Yale University Press, 1971), Chapter 1; Alfred Stepan, *Rethinking Military Politics: Brazil and the Southern Cone* (Princeton: Princeton University Press, 1988), Chapter 1; Guillermo O'Donnell and Philippe C. Schmitter, *Transitions from Authoritarian Rule: Tentative Conclusions about Uncertain Democracies* (Baltimore: The Johns Hopkins University Press, 1986), pp. 6–11.

免於檢查或免除查禁；使自主性的（autonomous）社會團體有更大的組織活動空間；使法律上保護個人的「人身保護令」（habeas corpus）及相關的其他法令得以發揮效能；確保隱私權、言論自由、通訊自由、請願自由、與遷徙自由；法律之前人人平等及公平審判的權利；釋放絕大多數的政治犯；容許海外政治難民（放逐者）返國；以及，最重要的一點，容許反對勢力的出現。換言之，反對黨或反對勢力正式登上政治舞臺，並得自由的參與政治活動，應被視為自由化的重要指標。

至於民主化（democratization），則係專指公民權或公民地位（citizenship）恢復與擴張的歷程。民主化一方面是指的公民權的恢復，使原先因其他統治方式（如脅迫統治或軍事管制）而失去的公民參政權得以恢復；另一方面，則係指將公民權擴張給原先未享有這些權力的個人（如政治犯）或團體（如政黨及利益團體）。和自由化不同的是，民主化不僅止於使權利發生效能或擴增其涵蓋對象，而且還包括了公開的選擇與競爭，藉自由、公開、公正的選舉，決定政權由誰來掌握。換言之，自由化指的是個人與社會團體的權利擴張，使保護他們的種種法律生效；而民主化卻進一步要求全面開放參政管道，甚至包括完全開放的競爭性選舉，其結果很可能就是政權的合法轉移[2]。

基於此，所謂的政權轉型（transitions），即指從威權轉變到民主的一段歷程，在轉型期間，某些民主的形式已經奠立，但仍有某些屬於威權政體的殘餘，但轉型期不一定是暫時的或短期的，有時候，轉型期可能很長，而且從威權到民主之間，不一定是直線的或不可逆轉的。事實上，從全球的經驗看來，有許多例證是從民主走回威權的型態，因此轉型事實上包括了民主轉型與威權轉型這兩種可能性。

基於上述的界定，繼續我們將就轉型的原因、轉型的方式、轉型期間的長短及轉型的民主改革內涵等項目，分別探討。

轉型的原因

造成民主轉型的原因相當多而複雜，各國的情況也多不相同，有時更是多項原因同時發

❷ 就自由化與民主化二者的關係而論，自由化不一定蘊涵著民主化，雖然廣泛的自由化措施必然增益民主化成功的可能性。而民主化若不包括自由化的措施，亦即僅開放參政管道與擴張公民參政權利，卻不包括對其他公民基本人權的恢復與擴張，則民主化的結局，不是威權統治的重返，就是因參與爆炸而導致革命性的破壞。關於此二者的關係，參見 William Smith, "The Political Transition in Brazil: From Authoritarian Liberalization and Elite Conciliation to Democratization," in Enrique A. Baloyra ed., *Comparing New Democracies* (Boulder: Westview Press, 1988), pp. 185-187.

生，才形成民主轉型的動力。一般而言，以下列幾項原因最爲重要❸：

㈠**領導人的逝世、生病或衰老**。例如，在西班牙，佛郎哥元帥的故世，爲西班牙的民主化帶來了契機，而他在逝世前選擇卡洛斯王子接任國王，實施立憲君主制，更是西班牙日後走向較穩定的民主發展的重要成因。同樣的，尼加拉瓜的蘇慕沙患心臟病、菲律賓的馬可仕患腎臟病、塞內加爾的賽拉西年老體衰，均爲威權體制的終結帶來契機，但是由於掌權者未能主動做好轉型前的準備工作，或著因眷戀權位，結果造成日後民主化的困難，甚至釀成革命與武裝叛亂的危局。

在臺灣，民主轉型的主要動力之一，是蔣經國總統的個人遠見。年邁的蔣總統，似乎預卜了他逝後的民主改革方向，在臨終的前兩年，發動了一連串的關鍵性改革，包括六大政治革新議題、解除戒嚴、開放黨禁與報禁等。雖然因改革步伐過快，準備不夠充分而發生許多社會與政治脫序現象，但基本上民主改革步伐仍一直往前進行。這種由領導人發動的「由上

---

❸ 下列的民主轉型成因，除了作者本人的觀察外，主要參考自下列各著作：Hans Binnendijk, "Prospects for Success in Transitions from Authoritarianism," in Hans Binnendijk ed., *Authoritarian Regimes in Transition* (Washington, D. C.: Foreign Service Institute, U. S. Department of State, 1987), pp. ix-xxvi; Samuel P. Hungtington, "Will More Countries Become Democratic?" *Political Science Quarterly*, Vol. 99, No. 2, pp. 193-218.

而下的改革」，是全球民主轉型中少見的成功範例，也使臺灣的改革歷程，比大多數面臨轉型的國家，較爲安定。

㈡**軍事失敗或經濟衰頹**。軍事上的成敗對一個威權政體（尤其是軍人政權）有特別重要的影響。舉例來說，阿根廷的軍人執政團，就是因爲軍事上的失利（福克蘭島戰敗）而垮臺的。而葡萄牙在亞非屬地的軍事失利，也導致內部嚴重不穩。如果威權政體的領導者在戰爭中失敗，或無法有效控制軍事情況，他的政權的合法性就會面臨衝擊，連帶的，他控制軍人的能力也將面臨動搖的危局。

同樣的，經濟衰頹與財政危機也會造成社會動盪不安，並使威權領袖的合法性受損，事實上，許多第三世界的政治領袖拒斥西方式的民主，都是以成功的經濟發展做爲權威的合法性基礎，而如果經濟嚴重衰頹，人民生計困頓，政權的穩定性就成問題了。過去十年間，拉丁美洲的威權——官僚政體（bureaucratic-authoritarian regimes）因爲嚴重的外債和經濟危機，紛紛讓位於民選政府，卽其顯例❹。最近在南斯拉夫，由於外債沈重（逾二百億

❹關於官僚威權政體的討論，及其與統合主義（corporatism）及民粹主義（populism）的關係，參看 G. A. O'Donnell, *Modernization and Bureaucratic-Authoritarianism: Studies in South American Politics* (Berkeley: Institute of International Studies, University of California, 1973); Alfred Stepan, *The State and Society: Peru in Comparative Perspective*(Princeton: Princeton University Press, 1978).

美元），通貨膨脹率高達二一·七%，也逼得執政的共產聯盟（Communist League）不得不進行黨政分離和民主改革。另外，在巴勒維時代的伊朗，國內生產成長率從一九七六年的一〇·七%突然降至一九七八年的負五·三%，也爲威權政體的垮臺敲響了喪鐘。

㈢**領導階層的腐化與暴虐**。不管是菲律賓的馬可仕、尼加拉瓜的蘇慕沙或海地的杜伐利，都以奢侈、浮華與腐化而聞名，而國民的普遍生活水準卻接近赤貧線上，無怪乎反對者會揭竿而起，鋌而走險了。至於暴虐的執政者，如烏甘達的阿敏、阿根廷的軍事執政團，也終因恐怖統治造成民怨四起，最後終於爲民主力量所推翻。在菲律賓，馬可仕政權想以暗殺手段除去政敵阿奎諾，未料反而使艾奎諾夫人獲得民衆的積極支持，最後在「人民力量」（People's Power）的支持下接掌政權。上述的例證，均說明腐化與暴虐的威權統治，均係促成威權轉型，最後造成專政覆亡的直接成因。

㈣**嚴重的社會緊張與官民對立，使統治者的合法性大爲削弱**。譬如，巴勒維統治後期的伊朗，回教基要主義（fundamentalism）的影響力日增，在首都德黑蘭，百分之六十至七十的售出書籍都是有關宗教課題的，但巴勒維國王卻一心一意厲行西化，宗教勢力的增長使政府與民間的對立日增，最後終於以宗教革命結束了伊朗王國，而代之以神權領袖主導的回教共和國。在菲律賓，馬可仕統治後期的社會貧富差距日增，新人民軍的勢力坐大，社會對立與緊張加劇，也爲馬可仕的垮臺提供了社會經濟基礎。一般而言，在拉丁美洲各國，中產階級及勞工大衆對政權的向心力，也是政權是否能穩定持久的主要歸因之一。但值得重視的是，不管是經濟或社會、文化因素，都不足以構成威權政體轉型的充分條件，威權政體的垮臺與解組，通常都要伴隨其他的配合性因素，如國際環境的推波助瀾或國內軍事力量的倒戈。

㈤**軍方的反對**。在威權政體面臨解組或轉型前的最後一項重要歸因，是軍方對領導階層是否支持。過去南韓的政局變化都是因爲軍方最後的態度而受影響。在菲律賓，馬可仕最後被迫離國，也是因爲軍方不再支持他。而在巴拿馬，卽使統治者倍受美國壓力，但仍然因爲軍方支持而可以一度堅持留任。在阿根廷，軍事執政團的下臺，也與中下層軍官不支持有關，而民選總統阿方辛也一直對軍方保持友善態度，儘量避免因審判軍事執政團，而觸怒軍方。但卽使如此，持續的小規模兵變，仍然困擾著政權轉移之後的阿根廷和情況相近的菲律賓和西班牙等國。由此益可見軍方在政權轉型期間的重要性。

一般而言，只要政治領導人尊重軍方的利益角色與地位，儘量不觸怒軍方，軍方通常都會對現政權表示支持。但如果軍方內部發生嚴重傾軋，或國內政局及社會情勢發生劇變，造成國家安全問題，則軍方就會干預政治情勢的變化。但除非是有軍事政變傳統的國家（如泰國、南韓和阿根廷等），軍方通常不會也不願直接出面掌政，而寧願在政治舞臺之後，扮演操縱性角色，由文人政府出面掌政。但是，軍方對威權政體的轉型，卻有最後的決定之權或否決權（veto power）。

㈥**鄰國（或相同文化圈國家）的民主氣氛的感染**。在過去二十多年間，南歐各國（西班牙、葡萄牙、希臘）等國，紛紛從威權走向民主，除了內部的因素外，國際民主力量及鄰國民主氣氛的感染，亦爲重要的外部影響成因。最近十年間，拉丁美洲各國紛紛從威權政體轉向民主化，也有鄰國感染的成因在內。而巴西與阿根廷等國的自由化與民主化，也受到同一語言文化圈的葡萄牙、西班牙的影響至深。這證實同一文化圈之間的彼此互動關係，也是重要因素。卽使以失敗的例子做比較，此一因素影響亦大。在一九五六年匈牙利革命爆發時，匈牙利鄰國羅馬尼亞卽大感緊張，深恐羅國境內近二百萬匈牙利後裔，會繼起發動反共抗暴，從此卽對其境內之匈牙利人（主要居住於羅馬尼亞北部的特蘭西瓦尼亞 Transylvania 地區），採取歧視性的防範措施，三十年後，此一問題甚且有惡化的趨勢，造成羅馬尼亞的匈族後裔的大舉逃亡，羅匈兩國關係亦因此而日趨緊張。

在東亞世界，最近幾年民主化趨勢日益高漲，不論是臺灣、南韓、菲律賓、緬甸，民主化的潮流已有互相激盪之勢。另外，由於臺灣地區民主改革的成就，也已引起對岸大陸民衆的注目，要求民主改革的呼聲日高，這股相同文化圈內的激盪力量，日後很可能會成爲推動大陸內部自由化與民主化的一支主要促因。這也是何以大陸內部的異議份子與民主人士，對臺灣民主改革抱持厚望的主要原因。俄國文豪索忍尼辛盛讚臺灣做爲民主燈塔的價值，認爲這是最後逼使中共不得不進行民主改革的一項重要因素，從最近幾年海峽兩岸互動的影響看來，這項因素的確是值得重視的。這也可視爲臺灣的民主改革的一項附加性成就。

㈦**美國的壓力或蘇聯的影響**。由於二次大戰後美國與蘇聯二強的對峙，大部份的國家都會受到兩強直接、間接的影響，政權的轉型也受到兩強的影響至深。二次大戰後，由於蘇聯赤化東歐的陰影所影響，美國加速推動了在西德、義大利與日本等戰敗國中的民主建設，使這三國建立起穩定的民主。但是隨後在韓國與越南，美國卻並未能有效建立起民主政權，南韓至今仍在威權與民主線上掙扎，在越南則因陷共已全盤失敗。另外在古巴與尼加拉瓜，美國也嘗盡失敗教訓，兩國均在威權政體解組後走向社會主義革命，並納入蘇聯勢力範圍。一般而言，美國對盟國的政局發展，是安全的考慮重於民主，因此往往着重對右翼保守政權的支持，而忽略了中間的民主力量。另外，由於這些威權政體下嚴重的貧富不均與社會對立，缺乏穩定廣泛的中產階級，扮演中間性的制衡角色，也導致政治上的嚴重對立。在這樣的處境下，由蘇聯（或其他共黨政權）支持下的左翼力量，就能運用貧苦工農的被剝削處境，而大擅勝場了。基於此，威權政體的轉型期間，往往也即是美蘇二強權勢力消長的時機。但在過去二、三十年間，除了在智利和格拉納達二國是美國勢力擴張、左翼政權垮臺外，其餘不管是在阿富汗、古巴、越南、尼加拉瓜、津巴布韋等國，多是親蘇或親共勢力成長，結果也造成更嚴苛的共黨或左翼統治。

但是近年來美國的外交政策已漸有改變，自從卡特總統強調人權外交以來，美國已改變對右翼政權不變的支持態度，而適時的對威權領導者施加壓力，不管是馬可仕、杜伐利、蘇慕沙或全斗煥等領導者，都曾面臨美國的極大壓力，最後則因這些領導者的讓步，而使國內的政治危機得以化解（但尼加拉瓜卻走上左翼道路）。從此一趨勢看來，美國的政策已由安全重於民主，逐漸走上安全與民主並重，甚至有時是民主更爲重要。這一取向，也鼓舞了近年來全球日漸民主化的趨勢。

就蘇聯控制的東歐集團而言，由於連年的經濟危機，許多國家（如蘇聯控制的捷克、匈牙利、波蘭、東德和奉行自主路線的南斯拉夫）也開始強調黨政分離與行政改革，連帶的對政治異議力量與獨立的民主呼聲，也採取寬鬆的政策，在戈巴契夫推動的改革下，東歐各國也開始一連串的民主改革措施，甚至容許獨立的政治團體（如獨立的人民陣線）出現。進一步的，也使共黨領政的黨國（party-state）的體制，面臨生存威脅。共黨統治也因而搖搖欲墜了。

以上所述，是促成政權轉型的七項主要成因。繼續將就轉型的方式與期間的長短，做一歸納。

轉型的方式與期間的長短

轉型的方式基本上有暴力與非暴力兩種，但細分之下，又可區分爲革命、政變、不流血革命、外力督促下的改造、與控制下的改革等幾種方式。

㈠**革命**。這是變動最爲劇烈的一種轉型方式。例證包括：越南、古巴、尼加拉瓜、伊朗。通常它是採取暴力顚覆與游擊戰爭的方式，期間短則數日，長則數年（如越戰）。由於革命式的轉型不僅僅止於政治層面，亦牽涉到社會與文化革命，影響至爲深遠。革命後的社會主義改造歷程（包括土地改革、階級鬪爭、產業國有化與集體化、文化與思想改造等）更長達數年或更久，對人民生活各層面均將發生長遠而深刻的影響。在上述的例子中，只有伊朗一個例子是回教革命而非共黨革命，但由於回教革命亦牽涉到政治、經濟、文化、宗教等各生活層面，對人民也是影響至深的。另外，在二次大戰以後的例子中，有的學者也將東歐各國的淪入鐵幕歸入此一類型當中。但由於當前民主化與政權轉型的研究偏向於近期已完成轉型的國家，且以民主化爲分析焦點之一，因此對過去或目前正在進行的共黨或社會主義體制變革，研究成果尚不多，還有待繼續研究與觀察。但無論如何，社會主義革命仍然是政權轉型的多重形式中，最具深遠影響的一種。

㈡**政變**。政變通常是以流血與暴力方式進行，但也有少數例證是不流血的，卻很少有非暴力的。因爲政變的原意是不經正規與合法程序，突然的更動政治統治方式與領導階層。有的政變是出於軍方之間的內部傾軋，有的是出於軍方對社會變局的不滿，也有的是由於軍方對文人政府的反對。過去泰國與玻利維亞的軍事政變往往是基於第一項原因（軍方內部傾軋）；最近緬甸的軍人政變則是爲了維持國家安全和社會秩序；至於南韓的朴正熙政變則是出於第三項原因（對文人政府的不滿）。

一般而言，美國與蘇聯雙方都可能會在政變幕後扮演相當的角色。阿富汗與伊索匹亞的政變幕後，都由蘇聯當局主使，而智利軍人推翻左翼總統阿葉德的政變，以及越南推翻吳廷琰的政變，則有著美國的影子。另外，在南韓、泰國和拉丁美洲國家，政變雖然未必爲美國所事前偵知，但事後政變將領卻需要得到美國默認，並採取親美立場，否則將會面臨美方的干預。另外，由於近年來全球民主化的趨勢，美國已經很少願意對政變公然表示支持，而且常會對軍方施加壓力，並培養親美的民主勢力，以加速推動溫和的民主改革。

政變通常只及於領導階層的改變，除非繼之以後續的社會與政治改造，否則影響層面將甚爲有限。而且威權政體經政變後只能出現替代性的掌權者，以更新領導人的面貌持續舊有的威權統治，但很少有政變領導人會在秩序恢復後展開自由化與民主化的改革。譬如在緬甸，尼溫政權倒臺後，民主力量並未能迅速的接掌政權，軍方經由政變上臺的結果，是重回威權統治，並壓抑民主力量，許多學生與異議份子乃加入揮邦游擊隊，走上了革命游擊隊的行列，但短暫的民主的春天卻未能持續下去。

㈢**不流血的革命性重組**。此一方式的最顯著例證是菲律賓的馬可仕倒臺，在僅持數日之後，由於美國與菲律賓軍方支持艾奎諾夫人所代表的「人民的力量」，造成戲劇性的不流血革命。此一改變是在舊有的社會秩序與政治結構下進行，避免了流血衝突與社會動盪。對美國與菲國人民而言，自屬最有利的變化。但由於菲國嚴重的貧富不均，階級對立等問題並未隨之而解決，在社會結構與政治秩序基本上不變的情勢下，不流血的革命畢竟仍非完全的革命。因之，在短暫的蜜月期渡過之後，就出現了多次的軍事叛變；領導階層之間也出現紛爭與對抗，而左翼的新人民軍也持續的進行游擊對抗活動。除非今後艾奎諾夫人政府能戮力於土地改革與社會改造，並成功地推動經濟發展，努力於均富的建設工作，否則菲律賓的政治前途，仍將在動盪曲線上搖擺。

與革命性變遷相比，由於不流血革命所負擔的社會代價較低，社會衝突與階級對立較不顯著，而政治領導人又採取實用性的政策，較不強調意識型態的執拗性因素，因而以溫和漸進的方式達成社會革命的成功機會較大，也頗爲美國與西方大國所歡迎。但如果社會問題與經濟問題困境極爲嚴重（如西方世界第一窮國的海地），則情勢仍不容看好。海地在杜伐利去國之後出現不斷的流血紛爭與軍事政變，卽說明了不流血革命的成效的確不易維護。

但另一方面，如果政治領導人饒富政治手腕，並採取溫和中立立場，則情勢又往往有好轉趨勢。阿根廷的軍事執政團在福克蘭島戰後失利後下野，以不流血革命轉交政權於溫和派總統阿方辛，雖然阿方辛並未能成功的克服經濟難關，但由於他的溫和立場和成熟技巧，儘量減少政治上反對力量（主要是培倫派的民粹主義者）與軍方之間的摩擦，並縮小對軍方制裁的範圍，因而化解了許多次的軍事政變與政爭。當然，如果阿根廷的經濟情況再不改善，社會問題日益激化，則空有阿方辛的個人領導才華，也還是不足濟事的。

㈣**外力督促下的改造**。二次大戰後，美國佔領下的日本、西德、義大利等，均爲成功的顯例。也有人相對的將蘇聯佔領下的東歐列爲對等的例子，因此東歐的例子也可被視爲革命性的變遷。但無疑的，這些例子都是美、蘇二強推動它所屬意的政治統治形式成功的例證。

但是雙方也不乏失敗的例子，美國在南韓的未竟全功、在越南的失敗，以及蘇聯在阿富汗的失敗經驗，均可當做註腳。除了外在因素外，成功或失敗的例子均有其內部的直接成因。美國在日本建立成功的民主制度，在南韓卻反是，實有其深厚的歷史傳統（指的是日本在戰前的民主經驗）、社會經濟條件與文化背景的成因。因此，建立民主的條件往往必須多面具備，僅僅是外力涉入，推動「由上而下的民主改造」，並不一定能竟其功。但如果其他文化、社會、經濟條件具備，再加上政治與國際因素的配合，則建立起穩定的民主，就比較容易。由於美國的推動，使西德在戰後建立起穩定的、富裕的民主，而同文同種的東德，卻僅因蘇聯的卵翼，而必須經歷四十年的極權主義統治，經濟與科技的發展成就也遠遜於西德。這說明卽便是立足點相同，初始條件相近，但外力的促因仍然能夠造成發展上的基本分野。而民主改革的成敗，自然也受到此一關鍵性因素的影響。

㈤**控制下的改革**。如果政治領導人物主觀的想推動和平的民主改革，並按計劃推動，卽使實際的步驟不會盡如人意，但基本上仍有可能完成成功的轉型。在巴西，從一九七〇年代初期起，卽已開始自由化的開放政策，軍事執政團與科技官僚結成聯盟，並組織親政府的政黨，最後由於對經濟問題失去有效控制，對總統繼任人選發生歧見，以及對法治重建的問題發生爭執，軍方乃決定於一九八五年將政權和平轉移到民選政府手中。但是從一九七四到一九八五這十餘年間，軍事執政團與政府的自由化措施，卻是造成日後和平轉移的主要歸因❺。

同樣的，如前文所述，西班牙也是在領導者控制之下着手民主改革，佛朗哥死前所做的安排，以及卡羅斯國王個人在轉型期中所扮演的穩定性角色，都是成功的和平轉型的關鍵性因素❻，至今仍爲人所稱道。

與西班牙的情況相似，臺灣地區近年來的民主轉型，也是一種「自上而下的民主改革」。從一九七〇年代初期起，在當時的蔣經國院長的推動下，中華民國政府卽已開始着手一系列的自由化措施，其中也包括了一部份開放參政管道的民主化作法（有關這些政策的分析，詳見下文）。這些措施，在蔣總統逝世前兩年，有加速與擴大推動的趨勢。雖然至今仍未全盤完成改革方案，但就改革步調的穩健與改革過程的平和而論，臺灣的成功轉型經驗的確是全

❺ 參見 Enrique A. Baloyra, "Democratic Transition in Comparative Perspective," in E. A. Baloyra ed., op. cit, pp. 9-52.

❻ 有關西班牙的民主轉型，可參見 Howard R. Penniman & Eusebio M. Mujal-Leon eds., *Spain at the Polls 1977, 1979 and 1982: A Study of the National Elections*(Durham, North Carolina: Duke University Press, 1985)，尤其是其中的第八與第十二章。

球罕見的❼。

以上所論，是五種不同的轉型類型。但除了本文所述的分類外，還有許多不同的分類法。其中 Alfred Stepan 所做的界定，採取比較細密的分類法，值得在此做一簡單的介紹❽。

Alfred Stepan 所歸納的民主化例證，是自二次大戰以來全球的相關經驗，加以整理比較的。其中包括了八種類型：

㈠**在外力收復國土之後進行內部復原**。在二次大戰之後，西、北歐的荷蘭、比利時、挪威和丹麥，流亡政府或留守政府都在盟軍收復後，恢復戰前的民主秩序與憲政體制，使政治體制重歸民主化。

㈡**內部重整**。在法國，留守的維琪政府雖然為法國帶來了戰時的和平，但由於實施威權統治，而反抗軍的流亡政府又為英美所承認，戰後的第四共和乃進行內部重整，貝當元帥留

---

❼ 有關臺灣民主改革的分析，參見拙著：Yangsun Chou & Andrew Nathan, "Democratizing Transition in Taiwan," *Asian Survey*, March 1987, Vol. 27, No. 3, pp. 277–299.

❽ 見 Alfred Stepan, "Paths toward Redemocratization," in G. O'Donnell & P. Schmitter eds., op. cit., *Comparative Perspective*, pp. 64–84.

守政府的勢力遭到淸除，而參與反抗軍的各支政治力量，包括社會黨與共產黨，卻受到重用，勢力也大爲擴張。在希臘，雖然左翼份子，包括共產黨人都是反抗軍的成員，但由於英美畏懼共黨勢力的擴張，在戰後四年的內戰期間，左翼勢力遭到淸除，軍方勢力大漲，日後並成爲決定政局的一支主力。在這兩個例子中，經由內部政治勢力的重組，乃重歸於民主。

㈢**外力監督下的民主建設**。此項與本文前述的「外力督促下的改造」意涵相同，以戰後的西德與日本爲代表，此處無需贅述。

㈣**威權政體內部力量促使的民主化改革**。其中又可分爲三個支型：1.由文人政治領袖促成，以西班牙和墨西哥爲代表。2.由軍方以軍政府的角色促成改革，以巴西爲代表。3.由軍方以制度成員的角色來促成。最佳的例子是一九七三年的希臘和一九七四年的葡萄牙。

關於上述三項支型，最需要解釋的是第三項，卽軍方扮演制度成員而非政府的角色促成了民主轉型。一九七三年，不得民心，亦不受軍方內部主力支持的希臘軍政府，發動了塞浦路斯島上的對土耳其戰爭，使得軍方做爲制度成員的處境面臨威脅，因爲戰爭如果失敗，整個軍方就會受到人民的譴責，因而，軍方的主力將領乃決定制裁軍政府成員，讓保守派的文人領袖接掌政權，而發動戰爭的軍政府領袖則執身囹圄。這也就被視爲軍方以制度成員的角色（Military-as-Institution）推動民主轉型的成功例子。

㈤**由社會發動的政權轉型**。由社會發動的抗爭行動本身，不足以導致民主化，它必須配合其他的輔助性因素，如軍方的支持、外力的介入等，才能促成政權轉型。但社會內部的抗爭行動，如學生運動、工人罷工等，往往也扮演一項重要角色，一九七七年秘魯的大罷工、一九七三年希臘的學生示威，以及近年來的南韓學運，都是促成威權轉型的重要內部性因素。

㈥**政黨協定促成政權轉型**。各政黨之間建立共識，達成協定並不是一件容易的事，因爲要各政黨捐棄意識型態的成見，放棄利益考慮，達成大聯合（grand coalition），並獲得本黨羣衆的支持，往往要克服許多困難。最近在南韓總統大選中，金大中、金泳三卽因協定破裂，共同角逐總統，而喪失了推翻原執政集團的機會。最近緬甸民主黨派之間的裂痕，也導致民主轉型的更大困難。至於成功的例證，則有一九七七年西班牙的各黨經濟協定，一九五八年哥倫比亞和委內瑞拉的各黨協定，也使民主體制在當時趨於穩定。

㈦**統合民主改革政黨以進行組織性的暴力對抗行動**。理論上此一方式比政黨聯合協定更直接而有效，但實際上卻不容易進行。因爲大多數改革派政黨都不願採取秘密、暴力的對抗行動，它們寧願聯合一部份軍方同情改革者，以推翻威權政體。因此，此一方式在歐洲、非洲、中東等地，都不易找到成功的例子。最接近的例子，是一九四八年中美洲哥斯大黎加的

「民族解放運動」，在改革派的社會民主黨的發動下，以組織性的對抗行動，成功的迫使威權政體不得不承認選舉的失敗，並開始一連串的社會經濟改革。由於社民黨也獲得了一些軍方人士的支持，進一步乃解散了軍隊，而改組成一支效忠文人政府的警察部隊。在尼加拉瓜革命爆發以前，哥斯大黎加的警察部隊和民主發展成就，一直被視爲中美洲的櫥窗，並享有「中美洲的瑞士」的美譽，都與此次成功的民主改革經驗有關。

㈧**馬克斯主義者領導的革命戰爭**。包括中共、古巴、越南等例子，本文已有分析，此處不再多論。

不管是前文所述的五項分類或此處所介紹的八項分類，均可看出推動政權轉型與民主改革的力量，均包括了內在與外在的成因，而軍方、民主政黨、內部改革力量、革命左派與美、蘇超強以及國際強權，都對威權政體的轉型構成影響。但是，問題最重要的關鍵是改革與民主轉型的內涵究竟爲何，到底在轉型前後的人民生計、社會對立、階級傾軋與民主權利等是否獲得改善？改善的幅度究竟有多大？還是，反而走了回頭路，呈現了更大的民主倒退現象？

民主轉型的內涵

就民主化與自由化的定義來看，民主化應該是自由化政策推動至某一程度之後的衍生體。但是在實際的運作上，有許多威權政體只允許改革的幅度限定在自由化的層次，因此在改革標的上只僅於部份公民權的恢復與開放，卻不及於民主參政機會與公開選舉的全面性擴張。換言之，這些威權統治者僅將自由化政策當做開導民怨、解除內部壓力的出氣口，卻不願意擴大這種開放管道，使其成爲全民參政並改選政府的民主手段。因此，在自由化政策實施一段歷程之後，就面臨是否持續下去的問題。

針對拉丁美洲的自由化經驗，Robert R. Kaufman 歸納出了各國實施自由化的三個階段與步驟，並列出了下列的圖表[9]：

[9] 見 Robert R. Kaufman, "Liberalization and Democratization in South America: Perspectives from the 1970" in ibid, pp. 85-107.

(1)第一階段
政治恐懼的減弱

反民粹主義或反革命的恐懼感減弱 ──→ 政府藉由政治—制度性的開放以求穩定軍人—技術官僚的權威 ──→ 軍方與資本家菁英盤算應該鎮壓或容忍

(2)第二階段
爭取樹立競賽規則

在中間性團體的領導與支持下，發展出自由化的反對派

(3)第三階段
決定延長或停止自由化過程，並進行制裁

①如果鎮壓所負擔的成本超過容忍 ──→ 進一步的自由化

②如果容忍所負擔的成本超過鎮壓 ──→ 嚴厲制裁

在上表中，持續進行自由化政策雖然是民主人士的普遍期望，也是民粹主義者的共同要求，但從實際的發展看來，自由化政策卻往往會面臨終結的命運。

根據學者的統計[10]，在拉丁美洲的政治發展史上，民主與威權政體交互替代，每一波的

---

[10] 見 Mitchell A. Seligson, "Democratization in Latin America: The Current Cycle," in James M. Malloy and Mitchell A. Seligson eds., *Authoritarians and Democrats: Regime Transitions in Latin America* (Pittsburgh: University of Pittsburgh Press, 1987), pp. 1-12.

周期平均為二十年左右。一九四○、五○年代，是普遍的民主時期；一九六○、七○年代，則紛紛走回威權統治。一九八○年前後，又開始走向民主。但是一旦民粹主義者和工農階級對經濟分配的要求過度，影響到經濟成長，並導致失業率高漲和社會不安；軍方和資本家可能又會聯手干政，要文人政府下臺，改行威權統治與有利於資產階級的經濟政策。而從最近一、兩年的發展看來，拉丁美洲各國都因經濟的遲滯發展、嚴重的通貨膨脹和外債而面臨社會不安與人心動盪。如果文人政府仍然無力處理這些危機，最後恐怕又要回到威權統治的另一擺向了。

但是拉丁美洲的「民主─威權」周期，似乎不能應用在東亞各國的經驗上，尤其是對南韓、臺灣、新加坡等「四小龍」地區，此一模式並不一定貼切。

以臺灣近年來的民主改革政策看來，臺灣一直是以相當平穩的腳步往民主的方向邁進，而且自一九六○年代末至今，也已持續將近二十年之久，但經濟情況仍然相當理想，執政黨也能保持相當的施政效能。因此，除非立即面臨中共的內戰威脅，或因內部的動盪因素（如臺獨）而造成立即的內部不安，否則，民主化的方向應可繼續進行。但是，基本的前景樂觀，並不排除其他可能出現的危機。如果用自由化、民主化這兩個觀念做進一步的分析，我們對中華民國政治改革的成果與未來發展，應有更為清晰的體認。

綜合言之，自從一九六〇年代末、一九七〇年代初，蔣經國先生推動十大建設、國會改選、言論開放等政策至今，臺灣已經大致上完成了初步的政治自由化的工作。其中諸如解嚴、解除報禁、開放大陸探親、推行檢審分立、減少新聞與出版品檢查、開放報禁、釋放政治犯（或稱之叛亂犯）、容許政治放逐者返國等，均已逐步推動，成效彰著，並已獲得國內與國際的普遍肯認。至於其他進一步的自由化措施，則還視國內外政治情況的演變，才能決定繼續開放與改革的速率。另外，最重要的一項自由化措施：開放自由組織反對黨，也已實際着手，反對黨並已參與選舉，也可見自由化政策已經落實。

至於民主化政策，在地方選舉層面，早已完成。至於全面性的國會改選、開放省市長民選、地方自治法治化、政治犯復權等議題，目前也已進行立法與協調或推上改革時間表，但只要假以時日，也應可完成。況且這些民主化標的，早已列入執政黨的民主改革政策之中，只要朝野間共識建立，縮短協商過程，也會儘快推動完成。

但是，臺灣民主化的歷程中，卻有一項遠比世界各國複雜與難解的根本性議題，亦卽關係到基本政治認同的臺獨問題。此一問題不僅牽涉到與中共政權的緊張關係，而且還牽涉到對憲政原則與國家體制的基本肯認問題。如果此一問題不得善解，則臺灣的民主化前景終將出現隱憂。

依作者個人見解，在今後民主化工作的推動上，必須將「民主」與「臺獨」兩個議題劃分，否則民主化工作將難以持續。事實上，民主化必須以肯定憲政體制爲前提，亦卽必須在法治 (rule of law) 與合法性 (legitimacy) 問題上建立共識，如果不此之圖，而以推翻憲政體制爲最終標的，則民主化工作將無法以和平漸進的方式進行，對人民的自由、安全及基本福祉，更將無以保障。

從本文所探討的全球各種政權轉型分類看來，臺灣民主改革經驗的可貴，卽在其一直是以和平、穩定的步伐前進，而且是在明智的政治領袖推動下進行的。但是，如果政治反對派的民主標的是推翻憲政體制，以臺獨問題製造臺海緊張，使國家安全與社會安定受到威脅，則民主化工作必定難以前進。基於此，今後臺灣的民主化發展，應以回歸憲政、肯定中華民國憲法爲前提，並釐清民主與臺獨的分野，堅持民主化必須以和平穩定的步驟進行。

結　語

根據本文所論各項，當前國際學界對全球民主化與政治轉型的研究，有幾項特色：

(1)採取全球的視野，就國際經驗做全面性的分析，因此基本特色係比較性研究。在名詞、觀念與分析焦點上，已有國際共通的語言可供溝通。

(2)特別着重歷史性的分析，尤其着重民主與威權之間的轉變歷程。同時對社會、經濟、文化及國際因素，也非常着重，基本上這是一種跨越學科的、宏觀性質的綜合性分析。但許多個別國家的研究，也提供了區域研究與比較研究上的可貴素材。

(3)藉由此一比較性、國際性的研究，許多政治學與社會科學的觀念，諸如國家(state)、統治階層、官僚系統、民粹主義（populism）、組合主義（corporatism）、威權、民主等概念，都更爲清晰，並賦予更新的運作性定義。無怪乎許多學者認爲此一研究課題，不僅是當前政治學與社會科學中的一項重要經驗分析對象，而且也是一項重要的知識課題，值得吾人重視。

(4)對當前中華民國與東南亞各國而言，由於此一課題的相關研究文獻，仍以歐洲與拉丁美洲爲主，近來則增添了許多關於東歐的經驗素材。但是在民主化潮流的衝擊下，東亞各國的學界也應及時努力，使此一攸關自己前途的課題，能及時獲得深入的了解，才能有助於現實困境的因解。

本文謹以拋磚引玉的期待，希望能藉本文引起其他學界先進對此一課題的重視與發掘。

——臺大《中山學術論叢》第八期

臺灣•擺盪在民主與專權之間的思考

杭廷頓的觀點

一九八四年夏天，著名的美國政治學者杭廷頓（Samuel P. Hungtington）在《政治學季刊》（*Political Science Quarterly*, Vol. 99, No. 2, pp. 193-218）上發表了一篇引人爭議的論文〈會有更多的國家成爲民主的嗎？〉（"Will More Countries Become Democratic?"）他指出從一九七三至八三這十年間，全球只有約三分之一的人生活在自由體制之下。比起一九六〇年代中至一九七〇年代初這十年來，全球民主化的成績的確是在進步之中，但若將一九八〇年代和一九五〇年代相比，卻很難判斷何時擁有更多的民主。其主要原因在於，從全球的角度來看，民主化乃處於擺盪之中，亦即一直在民主與專權（authoritarian rule）之間徘徊。對於全球大部份的人們而言，民主仍是遙遠的嚮往，即使他們之中曾有一些人一度享受過民主體制的蔽蔭，但許多非民主的因素，卻會使民主體制面臨各種打擊，最後又走回專權體制中去。

杭廷頓進一步分析了這些自由民主國家之間的共同特質。他根據世界銀行有關各國經濟發展的指標，以及「自由之家」（Freedom House）這個研究機構的民主自由指標做比較，發現在三十六個低收入國家中，只有二個是民主的；在六十個中等收入國家中，有十四個被歸類爲民主；至於在二十四個工業化國家中，則有十八個屬於民主體制。換言之，經濟發展與民主自由之間應是呈正相關的，雖然經濟發展此一因素本身並不一定會導向民主（如蘇聯），但如果經濟發展程度很低的話，要導向民主體制就非常困難。因此，經濟發展雖然不能保證建立民主，卻可能會促激民主力量的呈現。證諸過去三十多年間臺灣的發展經驗，的確有相當程度的解釋力。不過杭廷頓也注意到了民主與經濟發展之間可能會呈負相關的事例，他也提及了著名的阿根廷學者歐當那（Guillermo O'Donnell）在其名著《現代化與官僚——威權主義》⓫中的觀點。歐當那在其中指出，拉丁美洲強調進口替代（Import Sub-

⓫ *Modernization and Bureaucratic-Authoritarianism,* (Berkeley, U. C. Press,) *1973.*

stitution）的經濟發展，產生了一種官僚——威權專制政體，而且因經濟發展而更強化了專權政治的強度。杭廷頓認爲，類似的現象也出現在一九八〇年代初以前的東亞各國，高度的經濟發展並未導致政治的民主化。當然，一九八〇年代中期以後的情況，有了很大程度的轉變，因此杭廷頓的說法，在本文稍後的討論中，必須做一些補充修正。

民主發展的成因

另外，在其他有關民主發展的因素中，杭廷頓列出了下列各項：1.基督新教。2.富裕的經濟，以及由於富裕經濟而形成的高度就學率、識字率和傳播媒體的便捷等。3.傳統社會的多元主義（pluralism）架構。包括印度的種姓制（caste）和日本與西歐的封建制度等，都可能有助於民主發展，雖然此一解釋因素無法處理爲何北美因缺乏封建制度反而有利民主發展（此係根據托克維爾 Tocqueville 的觀點），而拉丁美洲卻反是。4.自主的資產階級，以及市場導向的經濟體制。正如耶魯大學的政治經濟學家林布隆（Charles Lindblom）在其名著《政治與市場》[12]中指出的，所有的民主國家都實施著市場導向的經濟體制，雖然

[12] Charles Lindblom, *Politics and Market*, Yale University Press, 1977

市場經濟本身並不一定能導致民主制度。5.獨立自主的工會。6.多數決與協商制（consociationalism）之間的取捨。此係指在單一民族國家中，往往實施多數決（majoritarian）的決策方式。但在語言、民族、宗教等呈多元化的國家（如黎巴嫩、塞普路斯、北愛爾蘭、比利時和南斯拉夫等）則必須實施保障少數成員的協商體制，方能保障少數成員權益。7.殖民經驗。如果是前曾爲殖民地的民主國家，則幾乎清一色爲英國屬地。至於其他的歐洲國家的屬地（凡人口超過一百萬人者），獨立後均無法建立持久的民主。這顯然是與英國殖民時期的民主經驗，有絕大的關係。8.鄰國民主化氣氛的感染。這點證諸南美最近的民主化經驗及當前東亞各國間互相激盪的民主化氣氛，相當明顯。9.二次大戰後的美國督管。這些國家中成功的建立民主者包括西德、奧地利、義大利和日本，失敗者則爲南韓。

極致型文化的特性

在上列九項因素之中，杭廷頓的解釋中最受爭議的是第一項基督新教。事實上它所指的是有助於民主的政治文化條件。此處杭氏所用的政治文化定義是來自佛巴（Sidney Verba），指的是影響政治行動的信仰、表徵與價值。政治文化乃根植於整體的傳統與社會文化之中，而且受到基本宗教觀的影響。杭廷頓明揭的指出，從客觀經驗看來，穩定的民主體制，幾乎全都落在信仰基督新教人口衆多的西歐、北美社會裏。相對的，以信仰天主教爲主的南歐和拉丁美洲，民主卻不易持續穩定。至於其他的宗教圈，如在回教世界裏，民主體制與伊斯蘭教似乎並不十分相容，根據自由之家的一九八四年統計，在全球三十六個回教爲主的國家中，二十一個名列「不民主自由」，十五個名列「部分民主自由」，至於列入「民主自由」的，則一個也沒有。

關於儒家，杭廷頓認爲，由於它的無限包容的極致（consummatory）性格，因而比較不利於民主的發展。杭廷頓就此點進一步做解釋。他認爲，一般而言，儒家對獨立於國家（state）之外的社會個體是採敵視態度的。文化在儒家眼中被視爲一個整體，無法只牽涉其中一部份而不及於整體。這種「極致型」的文化與另一種「工具型」（instrumental）的文化相異極夥。後者容許在終極目標之外，許多中介的目標獨立而存在，因之，終極目標不會因爲每一次的個別行動而受到影響。換言之，這種工具型的文化容許多樣化（tolerant of diversity），並容許漸進的變遷。相反的，極致型的文化卻傾向於抵抗變遷，而且當文化中某一重要的成分受到變遷影響時，整體文化都可能受到摧殘。

關於極致型與工具型文化的分野，杭廷頓採取了以色列學者艾森斯塔（S. N. Eisenstadt）的講法。艾氏特別指出：「在政治與宗教社羣之間關係的認同上，中國與伊斯蘭教社會之間有著非常重要的類似之處」，換言之，兩者都強調政教合一或政統與道統合一，亦即所謂的定於一尊。但這兩種文化卻都獨斷的不容許獨立於國家之外的自由社羣出現。這種型態的極致型文化，對於強調分殊的民主文化而言，實在不無扞格之處。

政治文化解釋上的爭論

關於杭廷頓的政治文化的解釋，在近年的文評與討論之中，許多人認爲他陷入基督教文化中心論的偏執，完全未觸及問題要害。最尖銳的批評則認爲，杭廷頓所強調的政治文化因素，根本是解釋問題無法下手時的遁詞。持這一派的人，包括哥倫比亞大學的中東政治學者安德森（Lisa Anderson）就認爲，政治文化只是一個研究上的「剩餘的領域」（residual area），把問題的癥結歸因於政治文化，等於什麼也沒說。這就像是過去檢討儒家文化與經濟發展之間關係時，兩派互相矛盾的說法，第一派認爲儒家文化強調的樸素節儉、清心寡慾，以及儒家傳統中的抑商崇士，阻礙了經濟發展和資本主義的興盛。另一派則認爲，儒家文化事實上存在著一種類似基督新教倫理的文化特質，反而有助於資本主義的發展，並因而促成當代東亞四小龍的崛起。

的確，如果我們只以文化做爲分析政治、社會或經濟問題的主要歸因，的確可能會走向泛文化論的死胡同。但正如同韋伯在研究資本主義興起時代所強調的，基督新教的倫理這一支文化與思想成因，只是許多造成資本主義興起因素中的一種，我們不必誇大它的作用，但也不應忽略它，畢竟社會經濟因素與文化因素是互動的，文化因素更是不可化約的。如果此一說法可信的話，那麼提出政治文化這項解釋，就不意味是主要的或惟一的解釋理由，而應保留其存在的解釋空間了。至於這個空間到底應該有多大，解釋理由是否充分，則是另一層次的問題。

但是，究竟如何使政治文化這項解釋因素適當的定位呢？政治文化究竟是相當重要，還是相對的不重要呢？進而言之，是否必須先有民主政治文化才能建立民主，還是說，只要其他經濟、社會及國際環境的條件具備了，缺乏民主的政治文化也無所謂呢？據我個人所知，過去反對運動的某些理論工作者，就有持續上一項看法者。他們認爲，民主的發展最重要的是掌握時機與民意動向，藉著從政者的推動使其前進，而文化本身也是會與時俱進的，當從政者推動出新的民主活動空間後，政治文化也自然會隨著大衆參與而變得比較具積極性。但是這種解釋顯然是把「文化」做狹隘解釋了。政治文化不只是簡單的政治參與意向而已，它還應包括更深一層的基本行爲模式和文化型態。譬如說，儒家文化中一貫強調的德治觀念——在上位者必須有德有能，身爲管理衆人之事的智者並兼爲德行之士的雙重要求——就很顯然還普遍存在於當前的政治環境裏，這種強調政治領袖道德魅力的文化觀，有其得以持續的深遠傳統背景，絕不是靠政治人物個人拼鬪可能在短期內改變的。

因此，雖然沒有民主的政治文化，還是有可能藉助其他因素而推動民主的進展。但是如果民主的進展不能制度化，並進一步影響到政治文化與社會化的媒體（如學校），使其本身日趨民主的話，則穩定持久的民主還是不易奠立的。舉最近的例子來說，南韓的民主進程，雖然歷遭軍人政權的壓抑，仍然前仆後繼，不可遏止，因此也可以說政治領導人物是走在政治文化之前。但另一方面，政治人物本身的觀念思維卻仍受到政治文化的制約，因此南韓的政黨幾乎可說是隨領導人個人因素而興廢。可是不幸的是，金大中、金泳三兩人本身卻面臨民主性格不夠充份的困境，最後仍然無法爲民主大業而合作與犧牲，並導致兩金相爭總統，「愚」翁得利，明明應勝而不可勝的下場。這又不正是政治人物反被政治文化的根深源頭所制約了嗎？從這樣的角度來看，所謂的民主導師本身對民主的體認，在政治運動中實有其相當的重要性。

基於此，從我個人的觀點來看，在有關民主發展的各項成因中，雖然以經濟、社會、國際環境及歷史時機等因素最爲重要，但政治文化還是有其一定的影響力。在印度，民主的發展最主要是受英國殖民經驗的影響。在日本，社經因素和美國的戰後督管等都影響民主發展至鉅。至於原本被視爲樂園之島的斯里蘭卡，近年來的民主倒退，則主要受到種族主義與起，執政者濫用多數決的成因所牽制。但無論如何，政治文化在上述三個例子中都有一定的作用。在印度，上層精英長期培養出的民主習性實有安定民主之功。在日本，民主的教育已普及所有國民身上，民主的共識也已不可逆轉。至於斯里蘭卡，種族主義與宗教意識更是根深的政治文化特質，當年印度半島不也正是因爲分裂的宗教認同而導致了巴基斯坦與印度的分裂？今天印度次大陸中所出現的嚴重宗教與種族對抗，也證明了政治、宗教觀念與種族認同所扮演的重要角色。這些都是文化性的因素。

儒家文化與民主政治

但是，如果我們回到東亞儒家文化與民主政治這二因素的彼此關係上作檢討，到底兩者是否相衝突呢？根據杭廷頓的說法，和印度教相似，日本的神道教傳統對民主制度的發展並未構成阻力，甚且有鼓舞之功（關於此點，杭氏的解釋可說是語焉不詳）。但是在儒家文化圈的新加坡、臺灣與南韓，卽使經濟高度發展的條件早已具備，穩定的民主體制卻未產生，顯然是因爲儒家文化與專權體制之間，反而有更爲直接的關係。

從新儒家學者的角度來看，杭廷頓上述的說詞是絕不可信的。唐君毅、牟宗三、張君勱、徐復觀四先生在一九五八年的文化宣言〈中國文化與世界〉中⑬，就強調過雖然因爲歷史的因緣，未能使民主制度產生於中土大地，但卻不能說「中國文化中，無民主思想的種子」，「儒道二家之政治思想，皆認爲君主不當濫用權力，而望君主之無爲而治，爲政以德。……過去儒家思想之缺點，是未知如何以法制，成就此君位之更迭，及實現人民之好惡。……但是從儒家之肯定：天下非一人之天下，並一貫相信在道德上，人皆可以爲堯舜爲賢聖，及民之所好好之，民之所惡惡之等來看，此中之天下爲公，人格平等之思想，卽爲民主政治思想根源之所在，至少亦爲民主政治思想之種子所在。」

無疑的，儒家仁學思想中的確有強調人格平等的成分，但是儒家希聖希賢、德君賢相的歷史傳統，卻與西方民主政治所預設的假定，有著相當重要的歧異。

傅偉勳先生在〈批判的繼承與創造的發展〉⑭一文中，就曾指出：西方民主政治思想，

---

⑬ 原文收入學生書局版，唐君毅著《中華文化與當今世界》的附錄中。

⑭ 本文已收入本書及傅教授著《哲學與宗教》二集，三民書局版。

乃是基於對負面人性（指人人生來由於自私自利而時有利害衝突，甚至爲非作歹）的直接肯認，與依賴孟子性善論（人皆可以爲堯舜）的儒家德治思想完全不同。事實上，西方民主法治所要求的是「最低限度的倫理道德」，亦卽遵守起碼的法規及道德約束，這實有別於儒家所標榜的「最高限度的倫理道德」，亦卽要求人人向上，終而成聖成德。

張灝教授在討論「憂患意識」與「幽暗意識」時也曾指出，新儒家過去常強調前者，但眞正更爲迫切的，乃是從體認人性的幽暗面出發，承認人性中許多卑下的性格，並從外在法治上做好積極的防杜工作。如果我們從上述兩先生的分析觀點出發，不難理解新儒家對儒家文化與民主政治之間的關係，實雜夾着一廂情願的美化成分。對新儒家一向採取積極支持立場的劉述先先生，最近在〈當代新儒家思想批評的回顧與檢討〉（《文星論壇》，一〇九期）中，也承認了新儒家的兩難性，他說，「新儒家有時似乎把文化發展的主導力量以及教化的責任完全放在政府身上，而這是現代的民主政府負擔不了的責任。新儒家在這方面的反省似乎不夠透徹，傳統德化政府的理想與現代西方式的民主政府的功能似乎是不相容的。」

劉先生進一步承認，新儒家在經濟方面也是難以兩邊兼顧的。一方面，新儒家強調民生問題的重要，且了解到保有財產權乃是保障人權的必要條件，但另一方面儒家又非常反對以財富累積本身做爲目標、縱情於物質享受的那些資本主義爲價值標準。「新儒家思想是有某種社會主義傾向，與資本主義的運作不是沒有矛盾衝突的。亞洲四小龍的經濟成長與其說歸功於儒家的大傳統，不如說是受惠於儒家的小傳統，柏格（Peter Berger）所謂『粗俗』的儒家文化更爲適當。」

政治自由與經濟平等的兩難

劉先生對於新儒家困境的了解是一針見血的。我願意進一步指出的，則是新儒家所承認的西方民主體制的優點，也就是唐、牟等四先生宣言中所強調的——「政府外部之人民之權力，對於政府權力做有效的政治上的限制」，卻是在西方資本主義發展過程中，隨著資產階級的崛起才得以鞏固的。資本主義一方面帶來了財富的累積、縱情的物慾享受、財富的嚴重不均與貧富對立；但另一方面它卻也帶來了有限政府的觀念和對執政者的種種限制與制衡。這裏面難以兩面同時求全的困境，是西方歷史上從來不曾解決過的。質言之，資產階級的民主主義者所強調的是政治平等與經濟自由。亦卽擴大政治參與、加強政治制衡，與減少對經濟的管制。而同情貧苦民衆的社會主義者則強調經濟的平等，並因對政治體制期待的差異而分裂爲不同的陣營：最左翼的無政府主義者要求完全廢除政權的壓抑，而取消政府；左翼的共產主義者爲了徹底革資本家的命而建立起龐大的職業革命家政權，最後反而成爲最恐怖的官僚專政機器；溫和的民主社會主義者則希望兼顧政治自由與經濟平等，因而必須藉助於賦稅政策與福利國家制度，但卻也屢因徵稅過高，降低生產投資意願，以及因福利國家制度所產生的龐大的行政包袱，而受到了自由經濟論者的強烈攻擊。近年來西歐社民黨的受挫與雷根、佘其爾等保守派（亦卽傳統的經濟自由論者）的擡頭，也說明了政治自由與經濟平等之間，並不容易找到適切的平衡點。

民間社會、資產階級與國家

近年來，臺灣社會出現了自主的社會團體與自足的社會力量，若訴諸西方的發展經驗，構成民間社會的主體事實上是資產階級（bourgeoisie），也卽是當代左翼運動的主要敵人。按照正統的馬克斯主義的觀點，國家（state）乃扮演著資產階級的管理委員會的角色。但另一方面，當年與王權抗爭而出現的民間社會力量，在王權沒落，資本主義進一步發展後，反而成爲資產階級在社會與文化領域裏的代言人。它（民間社會）和資產階級在政治領域的代理人——國家機器一樣，都屬於上層建築，並對社會（指整個社會，而非「民間社會」）

實施霸權（hegemony）控制，亦卽實施廣泛的社會教化與政治控制。從這樣的背景看來，無論對新儒家或民間社會論者而言，民間社會在臺灣或東亞的崛起，並不一定能帶來他們所期望的理想結果。

先從新儒家談起，新儒家所期望的是由具德望的政治領導人，推動德行教化，使整個社會免於道德沈淪與物慾橫流。唐、牟等先生曾經一再向西方人士強調，儒家的德治理想，可以救濟西方自由主義之窮：劉述先先生也強調，新儒家批評當代自由主義，認爲它「不能提供精神上的主導力量，不免失之於浮沈，以至於漫蕩無歸，產生不良的後果。」但是，隨著當前獨大的政權（威權）力量的逐步的削弱，民間社會崛起所帶來的，卻是資產階級的價值觀與利益選擇。一方面它的確帶來了新儒家所肯定的，人民對政府力量的種種限制；但另一方面，也無可避免的帶進了新儒家所憂慮的，種種腐化的拜物教與拜金主義。如果民間社會進一步擴大它的霸權地位，並掌握社會與論及教化工具，那麼它就會形成一個新儒家所深懼的局面了。那就是，非但德化政治的理想不能實現，而且資產階級將成爲掌握教化工具的最後主宰者，使得資本主義的腐化更容易普及到社會各階層中去。臺灣近年來社會中的浮華奢靡之風，卽其顯例。

民間社會與臺灣

但是，質疑者不禁要問，爲何新崛起的民間社會，一定會以資產階級爲其主導者呢？難道，民間社會不會和國家機器對立起來嗎？或者，反過來說，國家難道不會和民間社會對立起來，以維持它的自主性或相對自主性（relative autonomy）嗎？而有德有能的政治領導者，也仍然可以擺脫民間社會的控制，並實施理想的德治教化。

但是，所有這些質疑都必須先解決一項先決條件，那就是在高度依賴外貿，也就是高度依賴資本主義世界體系而發展的工業東亞各國，以及在文化上深受西方中心影響的，邊陲或半邊陲的東亞文化圈，是否眞有可能擺脫資本主義的宰制？爲了求生存，不管是在政治上、軍事上或經濟上，東亞新興工業國家都沒有辦法擺脫資本主義集團的領導，也因此，臺灣今後極不容易建立一個不以資產階級的價値及利益爲中心的民間社會。而且，今後不管是那一個政黨執政，爲了整個社會的生存發展，它都必須採取親西方、親美國與親資本主義集團的政策，同時也必須以資產階級的利益爲其主體的施政方針。如果不此之圖，而以勞工或農民大衆的利益爲一切優先考慮，甚至因而犧牲了資本家與資本主義的發展，那麼臺灣可能就要陷於拉丁美洲的覆轍了。

拉丁美洲的覆轍，也就是本文一開始所說的，在民主與專權之間連續擺盪的困局。爲了照顧勞農大衆，拉美的民粹主義者（populist）不得不犧牲資產階級及經濟發展，以求取較大的經濟平等、社會正義與財富平均。但是經濟情況一旦轉壞後，社會動盪隨之產生，軍人爲安定政局乃出面掌政（或從背後支持親軍方的從政者出面掌政），最後新的威權——官僚政體就登場了。一九六〇年代中到一九八〇年代初，正是此種政權當道的年代。最近幾年，由於軍人不得民心，民主化的潮流銳不可擋，文人政府又紛紛繼起，勞工、農民等大衆的利益也重新受到較大的照顧，但是最近幾年拉丁美洲各國經濟情況又普遍的惡化，也可能要使巴西、阿根廷等國，又重新走回社會動盪、政權不穩與軍人復出的另一專權擺向了。

當然，若從這幾年東亞民主化成長的步伐看來，拉丁美洲的困局並不見得就會在此地區出現。而且，從民間社會論者本身的期望看來，他們所期待的，乃是一個結合勞工、農民、原住民、老兵、消費者、一般市民及中產階級等不同社會勢力及跨階層的廣泛社會運動，卻不必然是西方歷史經驗上的資產階級運動。但是，如果我們再仔細想想任何社會都是資源有限與利益衝突的事實，也就可以了解所謂的各個階級共同結合的全社會運動，只可能在一時之間暫時維持住。而且這種結合的情況通常只會出現在外敵當前，以民族主義做爲基本政治訴求的時候，而一旦這樣的條件消失後，這種廣泛的結盟關係就要破滅了。從這樣的觀點看來，民間社會論者的樂觀期待只可能出現於一時，但是從西方民間社會的發展史的經驗看來，這種時間不會長久，也絕非常態。

初步的對比

通過以上的分析，讀者不難了解爲何我要把新儒家與民間社會論者拿出來並比討論了。那就是，了解政治社會問題的出發點，應該是歷史經驗與客觀情境而非主觀的理念。同時我們也必須承認在社會中，資源有限、利益衝突的事實局限，而價值的選擇畢竟有其先後秩序，卻不可能求全的。新儒家希望能兼顧儒家德治理想與西方自由主義之長處，也希望既能採取西方民間社會崛起中所形成的政治制衡制度，同時還能免於西方資本主義之弊，而繼續維持著一個德治理想的社會。但這樣的理想，在人類的經驗中，卻從沒有出現過。而在中國的歷史上，連西方社會裏那相當庸俗的資產階級民主尚未享受過，至於更進一層的德治理想的民主體制，也就更顯得遙遠而更不易實現了。

類似的困境，也出現在民間社會論者身上。正如左翼的思想大家格拉姆西（Antonio

Gramsci）所指出的，民間社會的功能之一，是對整個社會行使「文化霸權」，並以知識份子做爲代理者。但是，當前的民間社會論者，卻認爲由於國家機器並不能體現民間社會的利益，而且隨著自由化與民主化的進程，逐步放鬆了政治管制，也逐漸喪失霸權。在這樣的時機中，各個社會階級的廣泛結合，形成草根性聯盟，乃有可能形成新興的社會運動，對國家機器造成更大的壓力，並逼使國家機器做更大的讓步。從短期的角度看來，國家機器自然會賦與自發的社會運動較大的活動空間，各支社會力量與社會階級之間也可能會形成短暫的聯盟。但是正如我在前面所強調的，政治與社會資源總是有限的，利益也是互相衝突的，價値的選擇更有其先後次序。一旦社會運動中的各個階層與階級力量之間發生了利益衝突。這樣一個聯盟性的民間社會就要發生內部傾軋了。而由於前文所提及的對資本主義的國際依賴局限，東亞新興工業國家的民間社會最後還是要以資產階級做爲它的主導力量，卻不可能長期的結合著所有的階級。因之，對於民間社會論者而言，過去民間社會發展的歷史經驗才是民間社會的最後可能走向。民間社會本身不可能是民間社會論者理念中的產品，它的性質必然是受歷史條件所制約的。

臺灣社會運動的理念與實質

如果從當前社會運動的發展來看，上述的說法就更清楚了。隨著最近環保事件的發展，許多知識份子背景的生態主義者都大感興奮，以爲綠色運動眞要在臺灣大行登陸了。但是當鹿港反杜邦運動發展告一段落後，環保主義者才發現，鹿港民衆並不是眞正的生態主義者，他們在趕走杜邦之後，自己卻在沿海建魚塭，破壞起生態來。而林園事件的索賠性作法（眞正的汚染問題並未解決），更顯示了民衆的物質主義（materialism）的傾向，這更與後物質主義（post-materialism）傾向的西方生態主義者的立場，大不相同。因此，蕭新煌先生曾明智的指出，環保運動其實是反汚染的自力救濟運動，「它根本是鄉土傳統性的，它的組織是透過傳統的鄰里組織在運作。」[15]而且，蕭先生進一步還指出，「目前許多運動，只是反對一元化之下製造出不具代表性的組織，而要求新的具有代表性的組織，反一元化使他們貌似，但體質上仍有差異。」他也說，「我們贊成民間社會理論把現有的社會力洪流歸納起

⑮見中國時報《時報社刊》四十三期，楊炤濃對蕭新煌的訪問。

來，但我們不能忘了它背後仍是資本主義的社會本質。」

蕭先生同時強調，西方的民間社會，說穿了也就是資產階級社會。「相對於政治封建體制而言，臺灣『民間社會』概念的提出有其抗衡意義，但卻與歷史發展的步調不合。」「現在有許多中產階級同情勞工運動，但將來階級愈分化後，階級的矛盾就會形成。」而「資本主義社會出現的東西，臺灣都會有。」「而在世界資本主義體系的引導下，今天雖然出現了多元的社會力量」，但是「多元社會未必是公平社會，多元只是有更多的聲音，提供了較多的選擇機會。」

讀者已不難看出，民間社會或多元社會既然是以資產階級爲主體，卽使容忍了不同的社會力量的聲音出現，但最後的主宰者自然仍是資產階級。換言之，民間社會中雖然出現了部份的多元的面貌，但最後卻並不一定是一個公平的社會。一九七〇年代，西方知識界中的多元主義論與現代化論受到左翼理論家的強烈攻擊，認爲它不過是爲資本主義社會做粉飾罷了。但是在一九八〇年代後期的臺灣，民間社會論（與多元主義論有密切關係）卻想要結合以批判高度工業化社會爲主旨的各種左翼及進步主義思潮（包括綠色運動、反消費主義論、依賴理論、世界系統論等），這種想同時結合分析資產階級的知識工具及各種左翼新思潮的企圖，難道不會發生彼此間的矛盾嗎？這種忽略理論背後的政治、經濟、社會條件而做的知識結合工作，事實上是絕無法擺脫理論與歷史的盲點的。

這又回到了我在前文中強調的一個重點，亦卽，了解政治社會問題的出發點，應該是歷史經驗而非主觀理念。正如新儒家事實上無法同時兼顧政治自由、經濟平等與德治敎化一樣，民間社會論者也無法同時兼顧政治自由、經濟平等與其他的新左派思潮揭櫫的理想（包括綠色意識的覺醒、反過度經濟開發論、社區參與意識的崛起，工業與經濟民主、反消費主義、國際和平運動、婦女平權運動等），這種想把各支思潮理念一把抓的企圖，是不可能超越歷史與社會條件的局限，而獲得全盤成功的。也許，由於當前反威權獨占的目標獨大，各種社會運動及其思潮可以在一時之間集中炮火、各擅勝場，但是一旦社會運動多元化後，價值的先後選擇也就不可避免了。屆時，民間社會論者若想再堅持它的高度理想性，勢必就會面臨事實的嚴重的挑戰。

辯論與質疑

當然，反駁者可以質問：好吧，就算是把理論的局限澄清了，但是理想與價值的追求總要有所歸宿，而你自己的解決之道又在那裏呢？它是不是有可能是另一件「國王的新衣」

呢？更何況，堅持理想，參與社會，體認民間疾苦，本是知識份子正當的道德訴求，從這種道德體認出發的知識性追求，不管內容如何，總是值得肯定的。

對於上述的詰問，我的答覆是：第一、**揭穿理論的盲點本來並不意味自己要提出另一套理論**。在理論泛濫的時代，批判有關理論解釋上的盲點，本身就是一件有價值的工作。過去幾十年來的臺灣，從現代主義熱、存在主義熱、現代化熱、韋伯熱、新馬克思主義熱、到現在的民間社會論熱，大部份的理論熱都沒有產生眞正的、經得起嚴格學術批判的知識成果。無論是理論的發展與經驗研究的解釋都呈現著嚴重的不足，在本文討論的對象中，除了新儒家學者在宋明儒學與儒家心性論的研究上的傑出成就，以及一些社會科學者在臺灣現代化社會發展上的經驗研究有具體成績外，大部份的理論引介者並沒有在結合西方理論與中國現實（或本土經驗）的工作上提出可觀的成果。因此，今後應該有更多的知識工作者，以揭穿理論解釋的盲點爲職志，才能鞭策理論工作者做更深刻而實際的分析與思考。

第二、**知識份子本應釐淸客觀認知與道德訴求的分野**。對於推動民主發展、參與社會運動並歷盡艱辛的知識份子，我們當然應該給予道德性的肯定。但在他們的道德性訴求之外，我們必須根據歷史與社會的條件，客觀的分析他們的認知理念。舉例而言，當代積極於社會運動的新儒家梁漱溟先生，曾積極的獻身於鄉村建設運動。梁先生的道德人格至今仍受人稱道，但他對鄉村環境認識上的不足（他自己就承認他的書香官宦背景使他在關切鄉村生活上有所困難），使得他的鄉村建設工作難以成功。因此在肯定梁先生道德訴求之餘，對他的客觀認知進行批評，乃是知識工作者不可免的職責。同樣的態度自然也適用於當前的臺灣。

第三、**並不是所有的西方知識與理論都適用於當前的東亞社會或臺灣**。譬如說，許多以批評資本主義西方（指高度發展的工業化國家）的各支新左派理論，並不很容易直接引用到東亞的新興工業化國家中來。正如同前文所指出的，要將民間社會論與各支新左派理論結合起來，必然會出現內部解釋的矛盾，也不合西方社會發展的經驗。此處，我們無法想像結合這兩派經常抵觸的理論，可以在解釋當前民間社會的發展上，簡單的「畢其功於一役」。譬如說，要想兼顧政治自由、經濟發展與環境保護等價值，就不是一件容易的事情，而承認並批判民間社會與資本主義社會本身的不完美性，應該是我們探討這一問題的主要出發點。另外，資本主義在其他第三世界的發展經驗（譬如拉丁美洲及非洲），也許可以提供我們更好的知識參考資源。尤其是在經濟、社會與國際關係領域的世界系統論和依賴理論，和政治領域的威權——官僚主義論、組合主義（corporatism）論，均較之法蘭克福學派或政治多元主義論，更能解釋工業東亞各國發展的異同。當然，任何理論的解釋都有其限制。如何結合本土的經驗研究，確實的解釋這些理論的長處與局限，才是研究者的最大課題⑯。很遺憾的，到目前爲止，許多重要的臺灣發展研究成果，還是由西方學者提出，或主要是由英文發表的。如何在臺灣問題的研究上，超越英文知識界的成績，是中文知識界必須努力解決的課題。最近臺灣社會學界召開的幾項研究會議，正代表著這種具體的努力，值得稱許。

第四、**對民間社會的資本主義特質做杜漸防微的批判，應是知識工作者（包括新儒家與民間社會論者）的職責所在**。正如蕭新煌先生所指的，我們不能忘記民間社會背後仍是資本主義的社會本質，「不公平、不合理的現象仍會擴大，因此關鍵在於我們能否在此變局中，促成較多的公益性社會團體與運動出現，讓黨性減少一點，行政體系脫離階級相關的戰場，做個最後的判斷者，而不要一開始就表明站在那個階級。」

如果用我自己習慣的專門用語來分析，那就是應該保持國家機器的相對自主性，不要使它成爲資產階級的直接代言人。但是我也必須強調，國家自主性的維持事實上也有造成官僚專政的危險。無論是拉丁美洲或是南韓的軍人政權及威權——官僚專政的經驗，都警惕著我

⑯ 關於這方面的研究臺灣發展的知識成果，可參照丁庭宇、馬康莊主編，巨流版《臺灣社會變遷的經驗》，一九八五。

們，在國家安全與經濟發展的優先前提下，官僚階層是有充分的能力，阻止並壓抑民主力量發展的。工業東亞到現在爲止，都還未經歷充分的民主化，也還未發展到新左派理論所探討的高度工業發展的階段，因此誇大人民民主的力量，乃是不切實際的。

如果從新儒家的角度看待此一問題，那更顯得重要。依據傳統儒家德治的理想，賢君、聖王、清官、廉吏一直是解決民怨與制度困局的傳統政治出路，但是這樣的理想只能造就開明專制，卻不能產生民主。我們必須注意，清官與專制乃是不相衝突的。在中國大陸，劉賓雁所代表的「清官」事實上卻是社會主義專制政權最有效的維護者。但是劉賓雁這種人越多，越多的民怨得以舒解，也就越不需要外在的民主制衡力量來箝制專權體制了，換言之，在傳統儒家文化的歷史格局中，廉吏、清官、賢君這些德治的標準，並不一定能與現代民主政治結合，它反倒可能會與清廉的開明專制契合爲一，並形成威權統治。當今工業東亞各國的科技官僚，以高度的行政效能與經濟發展成就做爲建立政府合法性（legitimacy）的檢證標準，他們對以利益團體爲核心的多元主義政治採取著鄙視的態度，正構成了杭廷頓所謂的東亞政治文化的民主發展局限。新儒家學者如果希望能突破此一政治現實上的困局，必須對儒家傳統的政治格局，做更多的批判性的轉化工夫。否則仍將跳不出傳統主義的限制。

第五、不管民間社會論者，或社會運動及反對運動的參與者，都必須深切了解到：大衆

對民主的支持，並不是結束專權統治的充分條件。「民心向背」論對建立穩定的民主體制而言，是不夠充分的。麻省理工學院的政治學者韋納（Myron Weiner）最近在〈經驗民主理論及從專權轉型到民主〉一文中表示⑰第三世界國家在民主與專權間的連續擺盪之中，軍人往往扮演著主要的角色，而軍人所以不願意臣服於文人統治，則是基於兩項原因：第一，社會暴亂的出現，以及文人政府無法使反對派在有秩序的政治架構內運作。亦卽反對派失控，社會紛亂繼起，影響到政權的穩定性。第二，文人政府突然大幅度的限制或削弱軍權，包括裁減軍費、壓抑軍人地位或羞辱軍事領袖，都會造成軍人的反彈。在一九八八年南韓大選之前，某些軍事將領卽已公開表示，無法接受反對派上臺的結果，更無法容忍反對派領袖企圖發掘軍人改變的歷史瘡疤。拉丁美洲文人政權上臺後，也一直小心翼翼，儘量避免太過激怒軍方，卽使是阿根廷的阿方辛政府，果敢的起訴了前軍政府的高級將領，但隨卽卻停止進一步的逮捕行動，以免造成軍方的立卽反彈。

基於全球民主化發展的艱困經驗，韋納進一步指出：「動員大衆以抵抗軍事政權是不夠充分的」，成功的民主轉型只有在下列的情況下才能產生，亦卽「人民大衆支持民主統治，

⑰ 見《美國政治學會會刊》PS, 1987，秋季號。

再加上軍方也願意臣服於此一統治」。由於這一理由，我們必須承認，「大衆支持民主政府（這一因素），很少能成爲結束軍人統治、或使軍方免於干政的充分條件。」

如果我們觀察最近幾年菲律賓、南韓、緬甸與海地這幾個同受民主化衝擊的例子，就不難肯定上述韋納分析的正確了。它也警告所有樂觀的民主期待者：不要在人民力量(people's power)的勝利旗幟下迷失了清明的理智，人民的民主力量固然有強大的反撲力量，但是在國家安全和社會秩序的大帽子下面，非民主的力量也隨時會反撲的。沒有多久以前，許多工業東亞社會還在爲菲律賓的人民力量所雀躍鼓舞，也曾爲南韓的街頭運動而震憾不已，但曾幾何時，這些樂觀的火花都要湮滅了。美國政府當局最後對南韓大選結局表示肯認，更應讓資本主義世界體系下、東亞各國的社會運動家與民主反對派人士有所警惕。畢竟，民主並不容易持續而鞏固的，人民的力量也不是惟一的決定者。而美國的戰略考慮又往往是安全超過民主。如果我們再回顧一下杭廷頓所提的九項民主成因，就更能體會到民主體制的鞏固不易了。這也絕不是民主運動人士與民間社會論者，抱持「知其不可爲而爲之」的態度，就足以濟事的。

第六、**面對艱困的民主化歷程，我們必須在熱切的主觀期望之外，究實的分析各國民主化的成敗經驗與本國的發展條件，並力謀補正。**根據杭廷頓所列的民主條件，若做初步的觀察，臺灣當前已具備的條件是：富裕的經濟（及高度就學率、傳播工具的普及化等）、市場導向的經濟、逐漸發展的工會運動、鄰國的民主化的氣氛，以及美國暗地及公開對民主化的支持。而不具備的條件則係：殖民時期民主經驗的缺乏、無基督新教的文化背景和缺乏傳統的多元主義社會架構。這三項因素均屬歷史與文化的條件，根據上文的分析，雖有其相對影響力，但並不必然影響民主的進展，自然不必太過強調。但若進一層分析民主成因，我們卻不能太過樂觀。這些因素包括了下列幾項：

其一，是在以外貿市場爲主要導向的經濟體制下，工會運動、環保運動等社會運動在崛起過程中所必然面臨的利害衝突。臺灣資本家及經濟主管官員對經濟發展優先性的考慮，勢必會與工會運動與環保訴求產生對立。即使當前政府已體認到社會運動的壓力而不得不做相當的讓步，但無可諱言，經濟發展仍是施政上的優先考慮。即使工會與環保等運動將會繼續成長，但能否發展出像西方民主國家及拉丁美洲一樣強大的工人與社會組織力量，在目前看來，仍是非常有疑問的。至於先進工業化國家當前逐漸發展出的一些跨越階級意識的社會運動（如綠黨），是否能在階級意識與階級力量正逐漸成形的臺灣，尋得成長的環境，更是待考的。畢竟，從階級意識模糊、階級劃分不清；到階級意識成形、階級力量開始組合；再到階級壁壘淡化、跨越階級而重組聯盟；這一連串的過程演進，是需要相當時間的。我們且不談歷史經驗是否會重複發生這樣複雜的大問題，但如果是超越了歷史的經驗而發展，也必然是奠基在具足的社會發展條件之上。但從本文所強調的工業東亞對資本主義體制依賴這一客觀限制上看來，我們對社會運動與經濟發展之間兩難性的因解之道，實在不應過分樂觀與誇大。

其二，某些潛伏的政治問題，會使民主化的發展籠罩著暗影。其中最明顯的是省籍衝突與地域意識。在杭廷頓所討論的多數決與協商制的選擇中，許多在地域、省籍、語言、宗教或民族問題呈現著分歧的國度裏，均因多數派不願照顧或保護少數派的基本利益，亦即不願採行以比例分配或保護少數利益爲主旨的協商制，繼之強行推動多數決制度，終於反而導致嚴重的政治與社會紛爭，並在最惡劣的情況下演成內戰或共和體制的分裂。最近南斯拉夫內部各共和國間的嚴重衝突、斯里蘭卡的種族傾軋、馬來西亞的巫華衝突，均爲顯例。卽使是單一民族的南韓，都還在上次大選中顯現了新羅與百濟後裔之間長期以來的歷史仇恨，而臺灣最近幾年的中國結、臺灣結、二二八情結及臺獨情結等，也都顯示了此一潛在的隱憂。如果此一因素進一步惡化，最後造成軍方領袖、政府上層文官及外省籍第二代的嚴重危機感，就決非民主之福了。省籍與地域因素的存在，是習於以階級做爲分析架構的許多西方知識份子所不願強調的，但在當前的臺灣，它的重要性卻可能還超過階級意識。它對民主發展的可能危害，更值得吾人警惕。對於某些呼喊「臺獨無罪」、「咱要出頭天」的人們而言，在基本言論自由的訴求之外，必須考慮到，如果非民主的力量一旦反撲，他們很可能會成爲立即的犧牲者，也成爲地域意識的自我祭品。

其三，當前的反對運動人士及民間社會論者，都過度的誇大了政府執政能力的不足。事實上，與絕大部份的開發中國家或第三世界國家相比，國民黨的統治能力仍是在最有效與顯著之列。而其中黨國機器的控制能力，更是舉世罕見（共黨國家除外）。當前臺灣所看到的公信力不足問題，一方面是由於政府對社會力及反對力量的迅速發展反應不及，另一方面則係因爲黨國的控制的幅度已逐步縮減，但政策執行者卻仍一循舊規，不該管而管，造成過猶不及所致。但無論如何，與南韓、菲律賓、泰國、馬來西亞，以及絕大部份的拉丁美洲國家相比，中華民國的黨國體制仍是少見的成功統治者。此一因素，不論正反評價如何，但卻是一項客觀的事實，也是分析民主化應考慮的最重要因素之一，誇大反對力量與民間社會的發展或過度抑低政府的統治能力，在客觀認知上乃是不必要的。

最後，我必須強調，我並非以隔岸觀火看熱鬧的心情看待民主運動與社會運動的發展，我對獻身其中的參與者，願意表示尊重，對於其中一些領導人與默默無名的奉獻者，更願意表示道德的敬意。但是正因我們所面對的是一個幾千年從未有的變局與時機，我們對於它的經驗與可能發展的方向，自應從各種不同的知識角度，做不同的觀察與分析。同時也應以人道與和平的原則，期待最少的犧牲與穩定而持久的發展，此中「和而不同」的立場，是不言而喻的。

——《臺灣春秋》一九八九年一月號

東亞的民主化浪潮

——觀念層次的澄清

最近幾年間，由於菲律賓、南韓與中華民國等東亞地區掀起了民主改革的浪潮，民主改革的呼聲一時之間甚囂塵上。許多從進步史觀角度看待歷史的人們，都以爲民主是不可逆轉的潮流，也是人心之必然趨向。因而對東亞的民主發展，都懷抱着樂觀的期待。但是，從全球民主發展的經驗看來，民主並非常態。在當今全球一百多個國家中，只有三十餘國經常受到民主體制的保障，而且還有許多國家在民主政治與威權統治（authoritarian rule）之間，經歷多次的波折歷程，至今仍處於不穩定狀態。因此，從比較的與歷史的角度觀察民主化的經驗，對於了解東亞民主化的浪潮及其趨勢，應是不無深蘊的。

民主政治未必是不可逆轉的潮流

首先，就民主化經歷最爲波折的拉丁美洲而論，據最近的有關統計，拉美地區的民主化周期，平均爲十五至二十年。一九四〇、五〇年代，拉美各國多受民主制度的庇蔭，但由於貧富不均，社會動亂頻仍，這些民主政權在一九六〇、七〇年代紛紛讓位於威權政體。但在一九八〇年前後，這些威權政體又逐漸還政於民，具備民意基礎的民選政府再度上臺，使得民主化的氣象爲之一新。但由於嚴重的經濟發展問題，拉美各國這一波的民主浪潮，到底能持續多久，還在未定之天，仍有待進一步的觀察。不過，抱持過分樂觀的態度，卻是不必要的。

關於拉美各國民主化過程持續不易的原因，學界的看法不一。但有一種較普及的看法認爲，這是由於各國內部嚴重的階級傾軋與社會不均所致。當號召工農福利的民粹主義者（populist）得勢，勞動工資大漲、物價上升、外銷競爭力下落、嚴重的經濟問題和社會失序，就一發而不可收拾了。繼之而起的，則是軍人政變和由軍方支持的官僚──威權統治（bureaucratic-authoritarian rule）。他們以促進經濟成長、發展資本結構、親善對美關係為基本政策訴求，結合了國內資產階級及國際間的大財團和跨國公司，並獲得美國的外交及財務支持。但同時它也必須壓抑國內的工農勢力與左翼團體，因此人權與自由問題日趨嚴重，最後終而引致國內民主力量的挑戰與國際輿論的譴責。而一旦當威權政體無力應付經濟問題，或無法妥善處理重大危機時（如阿根廷在福克蘭島戰役中失敗），政權的合法性就備受威脅了。最後的結果則是，軍人政府或威權政體被迫宣布還政於民，訂定大選日程表，終而讓位於民選政府。

民主化浪潮蔓延的原因：鄰國的感染與美國的壓力

至於民主化浪潮所以會在同一地區普遍蔓延的原因，則主要是受到兩項因素的影響，亦即鄰國民主化氣氛的感染與美國的壓力。鄰國民主化氣氛的感染，最能解釋當前的拉美與東亞局勢，在拉丁美洲，由於民主化的浪潮，使得一九七〇年代幾乎全為威權政體當政的拉美各國，在短短不到十年間紛紛轉為民主政體，即連威權統治逾半世紀的墨西哥，一黨執政歷史悠久的制度革命黨，也開始面臨了反對黨的嚴峻挑戰。至於東亞各國的民主化浪潮，從菲律賓、南韓到臺灣，並進而波及東南亞各國。即連一向最為封閉的緬甸，威權統治所面臨的民主挑戰，也是前所罕見的。雖然緬甸政府仍想以鐵血鎮壓的手段對付反對力量，但其代價也特別深重。而民主化浪潮所及，連內政治安一向最爲安定的新加坡，也開始出現了反對派的呼聲，人民行動黨的得票率，也在逐年降低之中。這均顯示民主化浪潮對鄰國的確有著感染的作用。

至於美國的壓力，基本上係被動而非主動因素。基於美國的國家利益，美國願意支持所有與其友好的政權。與其爲了干涉他國內政而影響美國的外交利益，美國無寧願意採取觀望與親善的立場，面對各國內部的民主力量。除非民主力量成長急速，有取代現政權之跡象，美國不會輕易對反對派或民主力量表示支持。但是近年來，美國參衆兩院中支持各國民主黨派的議員影響力持續增長，他們對外交政策的影響亦與日俱進。因此，美國政府對各威權政體的壓力亦在增加之中，同時它也儘可能與各國民主力量及反對派建立友好關係，以期防微杜漸，避免在日後面臨政權轉移時措手不及。美國在馬可仕政權臨危時施加壓力，進而支持民主反對力量，即其顯例。

民主化成敗的關鍵因素不一而足

但是，民主的政權轉型本身，並不能保證民主化目標的實現。菲律賓「人民力量」的崛起，雖然推翻了馬可仕的威權統治，但卻不能改變菲律賓國內的階級結構和寡頭統治的事實，而菲國社會中普遍存在的主—從關係（patron-client relationship），更是根深蒂固，不因艾奎諾夫人的上臺而受動搖。在這樣的處境下，民主化的政權轉移，並不能使民主改革的目標——社會平等與經濟均富，獲得實現。左翼叛軍的持續不衰，也進一步使艾奎諾夫人領導下的政府，面臨了顛覆困阨的威脅。而右翼軍人嘗試改變的企圖，更是此起彼伏、震波不絕了。

菲律賓的經驗說明了民主化的目標是很不容易實現的。「人民的力量」並不是永遠不變的，在此一時支持民主轉型的民意，很可能就是下一波反對民主政權的主力。民主化的成敗眞正的關鍵乃在：統治階層是否眞能符合民意的訴求、社會各階級間是否能和諧共處，以及軍方是否能在民主轉型期中維持中立的角色，並預期在民主改革後得維持其原有的利益。如果軍方反對民主改革，舊有的階級傾軋不能在民主轉型後得到平撫，而領導階層又只是「換湯不換藥」的話，民主化的成果的確是無法受到保障的。

南韓近年的情勢，正是上述情境的反映。首先，對於南韓的反對派而言，儘管盧泰愚自己期望在政治上能有所突破，但他們認爲，從全斗煥到盧泰愚，領導層間只不過是「換湯不換藥」罷了。因此，他們想藉着批全斗煥的調查及司法行動，考驗盧泰愚的改革魄力和承擔能耐。這不但是一項民主與法治的考驗，同時也對支持執政集團的軍方，不無警惕的作用。而基於保障軍方利益的理由，南韓執政黨目前也正考慮將總統制改爲內閣制，以期使代表軍方的統治階層，能持續控制政權，並藉助控制國會而控制內閣。而唯有透過此一方式，南韓的執政階層菁英，才能避免兩金的領袖魅力的威脅，也才能避免上次總統大選中幾乎失利的窘境。換言之，南韓的民主前景，事實上仍是由當前的權勢控制者所決定的。如果反對派堅持總統直接民選，並將此一訴求帶上街頭，則不管是街頭運動或總統民選，都會使南韓的民主化發展，走向一條充滿着不確定性的危機之路。當權派與反對派之間的鬬爭，也將日益激烈。

除了政治局面的爭鬬之外，南韓社會嚴重的貧富不均和學生干政的傳統，也使南韓民主發展的前景，籠罩着一層陰影。這說明政治問題並不能全由政治途徑解決，社會與經濟結構，雖不能完全決定政治情勢的發展，但卻會引起基本的結構性影響。近年來西方有關民主化的研究指出，民主的發展事實上受到許多社會、經濟因素的影響。其中最主要的因素包括：高度而相當平均的國民所得、資本主義式的市場經濟、高度的教育水平、多元化的社會結構，以及溫和而開明的權力菁英階層。就上述幾項條件而論，性格偏急的南韓政治領袖和學運分子，並不是民主發展的合適領航人。兩金相爭的殷鑑不遠，如果他們不能在日後的權力分配上共體時艱，犧牲小我以成全大我，則即使反對派獲勝，民主的前景仍將是不容樂估的。

我國民主化前景較樂觀

從南韓到臺灣，我們對民主化的前景卻抱持着較樂觀的態度。三十多年來臺灣社會與經濟發展，不僅提供了成功的市場經濟、相當均富的國民所得、高度的教育建設成果和多元化的社會結構，而且除了少數激越的反對派政治人物以外，領導菁英多屬溫和開明取向。政治領導階層審愼穩健的作風，使得許多處於政治轉型期間的政治困局，獲得了善解的契機。當然，過去的成功並不能保證未來的成功。但截至目前爲止，臺灣的民主化經驗，卻是東亞各國間步履最平穩、成績最豐碩的。而如何繼續穩健地踏出下一步民主之路，就讓我們拭目以待了！

從馬華黨爭看中國人的政治行為

馬來西亞最大的華人政黨「馬華公會」，近年又面臨了內部鬪爭分裂的危機。馬華公會成立於一九四九年，擁有黨員四十餘萬人。自一九五七年馬來西亞獨立以來，該會卽與「巫統」（亦稱「馬來民族統一機構」，係以馬來人為主的馬國第一大黨）及其他近十個小黨結盟，成爲「國民陣線」（簡稱「國陣」），聯合執政。但是馬華公會每臨會長下臺時，總是會發生黨爭。這次代總會長梁維泮和副會長陳羣川之間的激烈鬪爭，正是長期黨爭的另一次註腳。它不僅顯示了馬來西亞華人社會中的嚴重隱憂，而且也啓示了海外華人社會中分裂內鬨的普遍特質。所有關心中國政治行爲與政治發展的有志之士，都應對此問題有所反省。

政治紛爭未了時

在馬來西亞近一千四百萬人口中（一九八〇年統計），華人約佔三分之一，近五百萬人，僅次於居全國人口之半的馬來人（巫人），爲全國第二大民族。另外在東馬的沙撈越和沙巴兩州，華人人數則超過馬來人，在當地的影響力頗大。雖然華人在馬來西亞人口及經濟結構中擁有很大的比例，但在政治上的影響力卻頗有差異。在馬國三十餘個政黨中，以華人爲主的政黨，除了馬華公會外，還有一九六八年成立的「民政黨」（又稱「馬來西亞人民運動黨」）及一九六六年成立的「民主行動黨」，前者加入「國民陣線」，亦參加馬國內閣，後者則是馬國目前主要的反對黨，主張政治與工業民主，並加入以歐美社民黨爲主體的「社會黨國際」等組織。除了上述兩個以華人爲主體的政黨外，參與「國民陣線」的「沙人聯」（沙撈越人民聯合黨），「人民進步黨」、「沙撈越國民黨」等，以及居反對黨地位的「沙撈越人民機構」（簡稱「沙婆」）等黨派中，均有相當重要的華人勢力，此外，在非法的馬來亞共產黨中，也是以華人爲其主體。但是由於華人之間的團結力不足，導致政治上華人力量的分散。以一九七八年大選爲例，擁有五十萬黨員的馬華公會僅獲下議院中的十七席，而擁有六十餘萬黨員的巫統卻獲得高達七十席（總數一五四席）。即使是加上華人主體的民政黨（四席）及民主行動黨（十六席），華人仍僅及巫人議席之半。這正說明了政黨分立，團結不足的困境。但是馬華各界的政治爭擾卻未嘗稍歇。在一九八四年馬華的黨爭中，代總會長梁維泮竟然宣布開除副會長陳羣川、李金獅等十四位黨內要員，導致嚴重的分裂危機。情勢演變到最近，馬國首相，亦即巫統主席馬哈廸不得不出面調解。同時在前總會長李三春等的支持下，陳羣川派於五月六日召開了中央特別代表大會，通過撤銷開除黨籍的決議，對於梁維泮而言，這自然是極大的打擊。但梁氏也在同一天召開該黨建黨三十五周年大會，繼續抨擊該黨的「叛黨份子」。目前局面雖然尚未塵埃落定，但不管日後情勢如何發展，此次黨爭的影響必定是負面的。長期以來因爲政治紛爭而日漸澆薄的馬華地位，恐怕更將江河日下。

加强團結尊重人格

由馬華政治分裂所出現的頹局來看，海外華人（甚至所有的中國人）在政治行爲上的嚴重處境是必須自我警惕的。長期以來，中國人往往是勇於內鬥而缺乏團結以禦外敵。自清末以來，各種「攘外必先安內」的呼聲總是甚囂塵上，甚至「寧贈外人，勿與家奴」的說法也時隱時現。直至今天，海外華人社會中的自挖牆角、自相殘殺仍是非常普遍的現象。與日本人合作團結的精神相較，華人團結與組織能力的不足，以及政治結構上的缺憾，都是亟應檢討的。

從政治結構面看來，中國人最缺乏的是民主的涵養，是尊重個人的人格價值，服從多數同時尊重少數。因此，輕易的以多數爲手段來壓制少數的作法，並不是民主的眞諦。民主講究的是「和而不同」，尋求共識，而且積極的建立起解決紛爭的權威與秩序。唯有公平的共識與秩序獲得團體成員的共同肯定，多元的民主常規才得以建立。因此，多元並不只是異見並陳或敵我互立。相反的，唯有肯定客觀而公平的共識和秩序，使得各種異見能通過紛爭解決的軌道獲得折衝，使各種不同的政治利益獲得適度的表達，民主的基石才可能穩定。否則，如果一遇紛爭，便動輒壓制少數，或者任意的以退出團體爲要脅，甚至揭竿而起另立山頭，則非但法治（rule of law）無以建立，政治秩序也必定是紊亂無常了。

建立共識維繫法治

由上可知，政治共識的建立，法治秩序的維繫，對個人人格的肯定，以及對少數的尊重，都是民主與多元的重要基礎。而在華人社會中，則往往由於對民主的誤解，對個人價值的肯定不足，法治常被誤解為法制或「依法而治」(rule by law)，以為單憑法律即可解決一切問題，其極端所至，則是「惡法亦法」，或動輒訴諸法律手段，使得解決政爭的法律工具一變而為政爭之源。馬華黨爭事件的發生，就在於領導者之間對法治的權威認識不足，動輒引用關鍵性的法律規章以排除異己，而彼此的紛爭卻未能經由協調折衡的管道予以化解，事端一起，兩邊各不相讓，自然是煙雲四起，干戈互見了。

馬華黨爭，事出多因，自然不只上列一端，但所有關心民主政治發展的中國同胞，都宜多所深慮，以謀戒愼，為民主前途共同思索。

——一九八四、六、廿八美洲版《中國時報》〈人間副刊〉

第四輯　民間社會與國家自主

國家自主性與民間社會論

——理論與經驗的反省

最近兩三年間，走上街頭的社會運動與自力救濟事件充斥在報刊的標欄上，許多爲民間社會（civil society）的崛起而雀躍的知識工作者，針對國家霸權（state hegemony）的削弱與社會運動的興起，提出許多諍言。其中有些人企望臺灣社會能及早擺脫西方社會中民間社會（或稱市民社會）的發展經驗，直接跨越資產階級主導民間社會的客觀局限，使臺灣的民間社會成爲一個不以資產階級爲主導，而係各階級聯合，甚至泯除階級界限的全民運動。在這種理論的指導下，西歐的綠黨與綠色運動，乃成爲民間社會論者的理想模型。同時他們也希望藉由國家霸權的削弱，使民間社會進一步成長，也使草根型的社會運動（包括工運、農運、環保運動、學運等）獲得更大的自主性。而抨擊政府的公信力、指責政府文官的無能，以及削弱國家的霸權與自主性，也就成爲這些輿論中常見的課題了。但是，從許許多多國際的發展經驗看來，上述的期待實在很難實現。而臺灣本身的發展條件與限制，更可能使民間社會論者的樂觀期待，不但成爲幻影，而且帶來極爲負面的效果。由於篇幅有限，本文將僅就其中的困境，針對國際的經驗提出「非黨派」(non-partisan)立場的檢討。至於理論的鋪陳，則儘量節略。

首先，我們必須坦承，當今所有的西方和第三世界資本主義國家中的民間社會，無不是以資產階級利益爲其主導。當今臺灣是一個相當資本主義化的社會，更是一個高度依賴外貿，同時又以中小企業爲其主體的社會，因此在結構上實在不易發展出一個以工農利益，而非資產階級（包括所有大、中、小企業家）利益爲主體的民間社會。因此，雖然當前各支草根型或民粹型（populist）的社會運動甚囂塵上，並對國家霸權提出挑戰，但是，如果我們不讓國家機制維持適度的自主性與權威性的話，也就是如果我們無限制的讓社會運動走上街頭，並對公權力與政府施加壓力，勢必造成國家這個中介性機制的自主性進一步的削弱，並使資本家與工農階級的衝突白熱化。而其結果卻絕不是民間社會論者所期待的，使工農等草根型社會團體成爲國家機制的主體，相反的，卻將使國家機制成爲資產階級利益的直接代言人，反而使得工農等階級的利益受到前所未有的戕害。

過去幾年間，由於各種草根型與民粹型的社會團體走上街頭，成為新聞熱門話題，使人產生一種印象，以為民間社會的主體似乎是這些引人注目的社會運動。但是在民主化與自由化的進程中，另一股在默默中擴張的民間力量，卻是與民粹型團體相抗擷的資產階級（或資本家階層），各種代表資產階級利害的利益團體，以及各種訴求經濟自由化與國際化的民意代表組合，已逐漸在政府施政中展現了具體的影響力。事實上，從西方資本主義經濟體系與多元主義民主體制的發展經驗看來，上述的發展經驗正是資本主義民主政治的發展常態。而且由於社會主義與公有制經濟在全球衰敗的事實，吾人已不可能再去選擇這種失敗的社會主義經濟體制了。基於此，我們必須指出，臺灣的民間社會，今後必然會受到資本主義體制的制度化局限，而不得不以資產階級利益為其主導。但是，在當前的客觀條件下，如果在民主轉型期間，國家自主性能得到適當的維護，使中立的政府文官階層獲得尊重與支持的話，臺灣未來的民主體制仍可展現較大的中性色彩，並反映較多的社會福利、文官自主與階級平等的內涵，使得國家機制不至於淪為資產階級利益的直接反映。

如果以北美與南美的發展經驗做例證，上述的處境就更為彰顯了。在美國的多元民主體制下，雖然民間社會的主導是資產階級，社會中的貧富差距也遠超過臺灣，但由於社會福利制度與高所得稅制的保障，以及各民族團體及各地區議員所考慮到的區域性利益分配等複雜因素，使得美國這個西方最資本主義化的社會，並未面臨嚴重的階級傾軋。而由於司法的獨立、文官的中立與公權力的威信也都得到民間社會的充分尊重，使得國家機制並未淪爲資產階級的直接代言人。換言之，由於美國的國家霸權是落實在民間社會的主體之上，而民間社會的主體又容許國家機制維持適度的自主色彩，使得社會中的民粹部門(populist sectors，指工農和沈默大衆)能獲得適當的利益保障，因而國家機制的公正色彩就得以維續了。在一九六〇年代中，雖然有許多激進的美國學運與民權運動者揭穿了國家霸權的神話性，指出國家機制的本質不過是民間社會主體——資產階級的代理人罷了，但是由於反對者本身所訴諸的草根民主(或直接民主)，蘊涵了太多的烏托邦色彩，最後終於爲社會大衆所厭倦，而當年的學運與民運份子，最後有許多人又重新走回民間社會的主流—華爾街，成爲資產階級的生意人了。

在拉丁美洲，由於國家機制的中性色彩始終未被充分尊重，各階級總想控制國家機制做爲其直接的代表人，對國家機制乃進行你爭我奪的各種鬪爭。一九四〇、五〇年代時，以工人爲號召的民粹主義者藉選舉而上臺，以提高工人工資和生活水平、壓抑資產階級爲其基本訴求，但由於工資過高造成了外貿競爭力下跌，對外市場無法開拓，加以通貨膨脹惡化，經濟問題日益嚴重，工人們未受其利，反而面臨了工廠倒閉與失業的危機，最後則造成經濟蕭條、社會動盪，軍人出面干政，並由代表資產階級利益的技術官僚掌政，此亦即一九六〇、七〇年代許多拉美國家所出現的官僚——威權政體（bureaucratic-authoritarian regimes）。一九八〇年代後，官僚——威權政體紛紛讓位於民選政府。但民選政府在處理經濟危機與壓抑通貨膨脹時所面對的工農羣衆壓力，又成爲一層難題了。最近阿根廷總統阿方辛政府在壓抑通貨膨脹時所面臨的反抗聲浪，顯示了拉美各國最近這一波的民主浪潮能持續多久，實在不容過度樂估。而拉美是否又會走回另一擺向——軍人掌政、資產階級擡頭——的確是值得民主運動者與民間社會論者深思的課題。

由美國與拉美這兩個相對映的例子，我們必須承認，使國家體制維護相對的自主色彩，使公權力維持高度的威信，以及使整個國家機制成爲多元的——而非一元的社會利益的反映者，都是建立穩定的民主體制的重要條件。因此，當前某些反對運動者與民間社會論者企圖打倒國家霸權、重掌政權的想法，實在是過分簡單，而且不負責任的迷思。過去兩年間，非律賓的「人民的力量」，曾經吸引了許多臺灣民主運動者的注目，許多人甚至以爲透過解放與造反，既有的國家霸權可以在人民的壓力下一夕間推翻，使民主繼之而起。現在，「人民的力量」的神話卻已經不再吸引人了。而南韓的澎湃學運與緬甸的民主風潮，也會成爲某些社會運動家的仿傚對象。但是，我們不要忘了，在國家霸權面臨嚴重挑戰之餘，繼起掌權的往往不是無組織力的人民大衆，更不是少不更事的學生領袖，反而是比原有的威權政體更爲可怕的軍人獨裁或左派政權。在左翼反對武力隨時俟機而起，對國家安全造成威脅的處境下，軍人政權必然會以嚴苛的手段制裁民主份子及其左翼同路人，那時所重新樹立起的武裝化國家霸權，就要讓人民大衆更難以消受了。

當然，上述的困境只是許多第三世界國家從民主到威權連續擺盪過程中的常態，卻不必然會在東亞各國出現。但在民主仍然大可爲的此際，尊重國家自主權與公權力的展布、減低街頭衝突的層次，並使民間社會逐漸成爲國家霸權落實的主體(而非敵體)，卻是無可怠忽的努力。否則的話，臺灣社會終將難逃西方社會早期的發展經驗，在階級傾軋與利益團體的爭鬪中，走上過去資產階級與工農大衆抗衡的老路。這條路，就不是民間社會論者所欲見的了。

最後，我願對「國家自主」在當前民主性化過程中的運作意義做一解釋。所謂的國家自主性只是就相對程度而言，它既非全然的自主而不受民意的監督，也不是毫無自主而完全爲民間社會中的主導力量所支配。在由威權政體轉型而爲民主的過程中，國家自主性的具體展現就是公權力部門（亦卽政府）逐漸建立起文官中立化、司法公正化的規範，並逐漸擺脫威權型政黨或執政集團的非法的干預。在此一轉型過程中，威權型政黨的支配性角色將逐漸轉爲民主型政黨的競爭性角色，一黨獨霸的局面也將轉爲多黨的政黨體系。但是，國家自主性的維續應該是雙方面的，一方面我們應要求執政者嚴守黨政分際，使黨與國家之間的分際逐漸明朗化與制度化；另一方面，我們也應要求民間社會謹守法紀，使執法者的公權力能夠合法的施展。如果在民主化的過程中，我們只片面的要求政府與執政黨厲行民主改革，卻不願同時要求民間社會與社會運動的參與者也守法，甚至動輒走上街頭要脅，造成原本應日趨中立的文官階層疲於奔命，忙於應付各種緊急事件，則政府的整體施政計畫，必然延後受阻，並造成施政效能不彰，國家的適度自主性也就受到戕害了。

國家適度自主性的受損，表面看來，是街頭運動者向公權力挑戰的勝利，但是長久下來，社會失序、行政失效，資產階級的利益也受損，他們感於國家機制的「無能」，就會利用各種途徑（如選舉），加強對國家機制進行直接控制，這時國家的適度自主性將進一步降低，原本應有的平衡性角色減弱，則與資產階級利益相衝突的民粹型團體與草根社會運動者，就要面臨更大的犧牲了。最近一連串的工運事件所面臨的阻力，正可以讓我們從中吸取經驗與教訓，也可讓許多亟於打擊國家霸權的人，多所深思。畢竟，今後無論是那一政黨取得執政的地位，均不可能全盤的摧毀國家機器，更不可能另外再造一批執政的文官階層，因此，對國家自主性及公共權威的適度尊重與維護，才是負責任的反對運動者與民間社會論者的應有作法。

憲政民主與國家自主

一年來，政府為層出不窮的自力救濟耗費了極大的精力，從股市投資人上街抗議、林園事件的脅迫停工、五二〇農權會事件的餘波蕩漾、到最近的大學校園風波和桃園六輕設廠抗議問題等，都顯示了解嚴以來的一個嚴重課題：公權力已經面臨了嚴重的挑戰，國家的中立性、自主性與政府的公信力已經受到了深刻的斲傷。而它的代價卻是：法治的權威不振、社會的秩序失控、政府文官的公正性與中立性削弱，以及連帶所影響到的，僑外新投資大幅滑落，並且可能進一步嚴重地影響到今後的經濟與工業發展。

從表面觀察，上述的現象都是戒嚴結束與強人時代終結的後遺症，威權體制的解組，使各種現代化的發展併發症在一時之間氾濫成災。比較樂觀的人認為，只要反對者鬧得不太厲害，讓不滿的情緒宣洩過後，社會就會重新走上軌道，政治權威也會逐漸恢復。而悲觀的人們則認爲，中國人的所有劣根性都已經表露無遺了，臺灣已經快要成爲一個瘋狂社會了：股市狂飆、社會濫賭、工農抗議、學生鬧學潮，而職業革命家與運動家更在俟機點火引爆。目睹這樣的變局與亂局，已經有憂國的老人悲憤的自絕人寰了。但是，對於少數異議的反對者而言，這卻是一個革命與奪權的大好契機，也是建立自己權力與利益據點的最佳時刻，因爲一切的秩序與規範正在逐漸解組，而權力的整合還需假以時日。因此把握此一契機，高舉正義與平等的大旗，不但可免於戒嚴時代的囹圄之災，而且還可以進而成爲激進的政治與社會運動的領航人。

但是，不管從樂觀、悲觀或異議的觀點面對當前的變局，都不應忽略一項全球民主發展史上的重要事實，那就是民主通常並不能從解放（liberation）或革命的過程中得來。革命與解放常常只能帶來政治權威的崩解、社會秩序的淪喪與道德體系的解組，取而代之的，往往並不是許多人所期望的直接參與、草根民主與平等社會，卻常常是左翼的極權政體（totalitarian regime）或右翼的軍事獨裁。越南、古巴與尼加拉瓜是左翼革命的慘痛註腳，而海地和緬甸的流血慘史卻成爲右翼專制的不幸寫照。因此，無論從何種觀點看待當前的變局，我們都不能對革命與解放抱持奢望，而只有將希望放在漸進的民主化改革上。

從全球比較的角度觀察，如果我們同意歐美的民主（尤其是西北歐的福利國家）可以做爲今後臺灣民主化與社會改革的標的，那麼就必須指出，我們對民主的信念與作法，必須建立在兩項重要的支柱之上，亦卽：

㈠肯定個人道德尊嚴與生存權利。個人的基本價值必須不被任何其他的目的所犧牲，也不應被任何其他集體性的標的（如「國家」、「革命」或「羣衆」）所戕害。

㈡肯定憲政民主與法治，在憲法優先的前提下，一切政府法令與政策都必須合乎憲政要求，所有國民也必須在憲政範圍內行使基本權利。

基於這兩項前提，民主化（democratization）這一觀念在當前環境下的運作意義，至少應該包括下列五個層面：1.回歸憲政、2.全面國會改選、3.開放憲法所賦與的各種參政管道，並制訂地方自治通則，全面實施地方首長民選、4.貫徹黨政分離與黨內民主原則、以及5.恢復被剝奪的公民參政權，亦卽政治犯復權與海外異議人士恢復返鄉權利。

但是，民主化在當前的時空環境裏，卻不應包括不受憲法與法律約束的權利，以及向執法者（包括警察、政府執法官員）公然挑戰施暴的濫權行動，更不應該是「只要人多勢衆、聲音大，卽可享法律假期」。因此，許多經由合法程序而獲得允許的街頭示威應該受到法律的保障，而違法的脅迫行動，卻不應免於法律的監督與法院的裁判。

換言之，民主化過程中的政治改革標的，應該與法治權威及公權力的行使做一釐清。我們應該支持執政黨推動的六項政治改革方案，也應鼓勵反對黨在議會中積極的推動民主化的改革。但是，我們卻不應容忍違法的街頭行動與暴民行徑，更不能因爲當前體制的不合理，而寬有違法、違憲、違害執法者人身安全與自由的任何「解放」性或「革命」性作爲。而另一方面，政府、法院及其他司法者，也應該堅持原則，不管違法者的政治立場（親政府或反政府）和職業背景（工、農、學生、議員、學者或股票投資人），均應一視同仁，繩之以法。因爲，惟有維護公權力的公正性和政府文官的中立性，民主化的改革才能持之有恆，法律與政府的權威也才得以重建。而維持國家機制的適度自主性（指的是免於某一階級或某一人羣的私控），也才能奠定落實的基礎。

基於上述的原則，政府在公共政策的實施上，也應堅持民主國家應有的作法，一方面要強調公權力的權威性，並以行政及法律的強制力爲後盾，推動政策的施行。另一方面，則應在決策過程中充分體現民意。凡非國防、外交、情報等機密性的決策，均應儘量公之於大衆，讓民意有充分反映與表達的機會。因此，凡牽涉人民生計與權益的決策（例如設立汚染性工業、增加稅收規費、改變公園保留地用途等），均應先透過公聽會的方式，接受民意反映，繼之修正原政策，以期符合民意。如果民意中仍有歧見，則應透過議會投票或民意測驗方式加以整合民意，如果反對者仍居多數，則或者交由人民直接投票複決（referendum），或者修正原先政策，甚至必要時應放棄此一政策。

政府的決策者必須體認，解嚴與民主化乃是無法逃避的一項政治進程，也是我們社會現代化歷程中的必然趨勢。在日趨民主的時代裏，惟有眞實反映民意的政策才能得到人民的支持。而在複雜的工業化社會裏，也必然有許多政策目標是不易爲民衆接受的，譬如說，核能雖然是比較價廉的能源，但在全球普遍反核的今天，堅持設立核能電廠，就註定會面臨民意的反對。因此，在民主化的整體要求下，專家政治必然要臣屬於民意政治，如果執政者堅持戒嚴時代的牧民心態，以爲「民可使由之，不可使知之」，並且堅持決策過程的獨斷與隱密，那麼人民的選票與民代的監督就會進行裁決，讓持這種心態與立場的決策者離開政府決策的崗位。從「專家治國論」的立場看來，這或許是人民之失，但從民意政治的原則看來，這卻是民主的勝利。

我們必須承認，民主本來就不是至佳的政治形式，但卻是我們當前較好的、僅有的選擇。開明專制與強人政治的時代都已經過去了，革命與解放的烏托邦則是遙不可及。因此，在當前的處境上，除非我們堅持威權與官僚專政，除非我們嚮往的是無政府式的烏托邦，或廢墟之上重建的空頭民主，否則我們就必須強調憲政民主的理念與規則，也必須強調適度的政府權威與國家自主。因此，堅持民主化的原則與憲政法治的規範，進而為建立穩定的民主文化而努力，就成為我們當前的最重要課題了。

最後，我願意特別澄清，所謂的國家自主性並不完全等同於國家中立性。從經驗的層面觀察，國家機制中的主體——文官體系與決策官員，本身是不可能完全中立的。因此國家的全然中立，只是一個可欲而不可求的目標。但在當前臺灣資本主義日趨發展，資產階級影響力日增的處境下，允許國家機制擁有較大的自主性，而不要以「人多勢衆」的心理，迫使國家機制成為民粹階級（中低層農工及社會邊緣人）的直接代言人，卻是有其必要的。因為在資本家與民粹階層的爭鬬過程中，任何一方的要求過高，都可能造成另一方的強力反彈，從而使國家的自主性面臨戕害，最後資本家將會更積極的尋求對國家機制的全盤控制，並對民粹階層採取更大的壓制。階級政治的覆轍，就難以避免了。

在解嚴之後，隨著黨國威權體制的放權，過去在蔣經國時代的黨國霸權和高度的國家自主性都已經鬆動了，而社會秩序與政府公權力也隨之式微。但是，我們必須了解，放權並不能保證民主亦隨之到來，因為在放權的同時，若不堅持起碼的法律與公共權威，若不使政府的公權力持續不輟，則另一方一定是肆無忌憚的奪權與違法。一旦這種違法與奪權的行徑為社會所漠視，社會秩序的重整就難上加難了。基於此，當前許多強調「政治結構有問題，違法行動應容忍」式的說詞，對於今後建立穩固的民主與法治體制，都是極爲有害的。公正的說法應該是：對政府本身的違法措施必須批評並加以導正，對民間的違法行徑，不論是基於那一種政治理由，也都必須繩之以法。法治這一條準繩，不僅是反對運動用以箝制政府的必要工具，也是用以衡量所有違法者的共同基準。

唯有建立了上述的共通基準，唯有使政府與民間同樣的接受法治與法制的束縛，我們才可能建立眞正的憲政民主，也不再因空頭的民主口號與違法奪權的惡行，而面臨公權力瀕臨頹喪的危局。這不但是憲政民主的基本原則，也是建立起國家自主性的基準所在。

——《中國論壇》三二一九期

對談：臺灣政治轉型的困境

對談者：韋政通
張　灝
周陽山

1

韋政通：近年來臺灣政局的變動很大，問題也很多，正是知識份子可以貢獻智慧的時候。張灝兄雖在美國教書，但對臺灣一向很關心，而且由於對中國近代思想史的專精，因此對當前的政治問題，往往有很獨到的見解。陽山兄剛學成歸國，博士論文研究的也與臺灣的政治社會問題有關。目前臺灣在民主化方面，最困難的是面臨到政治轉型，希望兩位先生運用你們的專業訓練，對這個問題提出自己的見解，我想對問題的澄清與解決，當有所裨益。

當然，這個問題牽涉面很廣，但希望對話的重點能集中在臺灣政治轉型的困境與突破上。

周陽山：西方自由主義的國家觀念，認為國家乃是對人民的壓制，因此有國家（state）和市民社會（civil society）對立的觀念。但是從過去的中國延伸到今日的臺灣，國家這一觀念的確是在逐步轉變之中，這可以從早期康、梁對國家以及對國家主義的觀念，孫中山先生的民族主義的觀念，以及新儒家的文化傳統主義的觀念做分析，我們可以從底下這兩個層面來談。

第一是儒家德治思想與西方民主政治的異同。第二則是國家和社會這兩者間的差異。同時從這兩者之中就可以談到對民主、對資本主義以及對社會主義的不同看法了。同時，我們還可以談到包括新儒家徐復觀這一派的看法，他們認為，儒家有很濃厚的民主社會主義的色彩，但儒家和當代意識型態之間到底有沒有距離？可不可以用現代意識型態的觀點去解釋儒家呢？或者說，儒家若係一種意識型態主張，則其在經濟政策上會提出怎樣的政策，這都是在這個層面上做考慮的。

韋政通：我還是希望把問題落實一點，要了解當代中國問題，臺灣這地方是特別值得我們關懷。一般的想法老是強調經濟的奇蹟，我一直覺得臺灣經濟付出的社會成本太大，問題相當嚴重，將來對後代子孫是好是壞現在很難說。不過在中國歷史上從沒有一個離開大陸本土的政權可以發展出這樣的成就，這是一個很獨特的例子，它的成就在許多方面都能夠超越中原。臺灣在這層的意義上，它應該很有自信才對，而今天在臺灣的問題就是缺乏自信。其實臺灣在政治、經濟、社會和文化各方面都已經開展出一個新的局面，某些方面已經走出傳統，正因如此，我們所面臨的是空前的最艱困的一個階段，今後能發展到什麼程度，沒有人能夠預知，而這時候正是知識分子最值得用力的時候，因爲這些問題不是一般政治人物，一般「運動」人物能夠深入去想的。

張　灝：我想補充一點，今天知識分子的最大貢獻，就是發揮我們反省的能力，把一些問題提出來。我現在就覺得在臺灣，在海外的知識分子常有一個傾向，問題還沒有弄清楚，答案就已經出來了。我並不意謂不應該有答案，每一個時代對它的問題應該有個答案，不要幻想對問題會有一個終極答案，這一終極答案是不可能的，每一個時代都有它自己的答案，但是在答案提出之前，我們應該把問題陳述清楚。在一個很偶然的機會，我個人讀到西方思想家卡繆（Albert Camus），他有句話深得我心，而這一句話正是我思考多年不能以如此簡潔的方式所提出來的，同時這句話在我看過之後，變成是我思考問題、做學問反省的指導原則。他說："The only hope for an age that is tempted by nihilism is to name the problem and define it."他是在四〇年代、五〇年代反省歐洲社會。他強調在一個虛無主義瀰漫的時代，我們知識分子最大的希望就是 to name the problem and define it，我想今天我們的對話，我也是抱持這樣的心情，因爲認識問題也很困難，先要把問題認識清楚，把問題提出來，然後才能對問題探索，才能有一個答案。

另外一個補充是對臺灣歷史背景問題，韋先生剛才所提的，我很同意，臺灣在中國歷史上可以說是前所未有的局面，一個和大陸隔離的社會，而這社會在經濟、政治方面，可以說是走出另外一個型態出來，這一型態是和大陸的型態非常的不同，某些方面可以說是領先它好多年。這裏我們又可以從另外的一個歷史角度來看，自從兩漢、南北朝以降，中國經濟、文化的重心一直向東南移，在魏晉南北朝的三世紀到四世紀，這一世紀之間，就遷移過來了兩、三百萬人，這種人口和文化的南移，造成東南在社會、經濟、文化等方面越來越變成主導地位。從這一趨勢看來，臺灣也可以說是這一發展趨勢的頂峰，至少可說它已經把這一趨勢發展到一定的程度，臺灣地區的經濟、政治、文化等遠超過大陸，是和大陸有很顯著的不同。

2

周陽山：臺灣在過去幾十年裏的發展，在政治層面上，有兩個重大的突破，第一個層面是近年來民主化的歷程，可說是在儒家文化傳統裏政治層面上最大的一次突破。這一層的突破，主要是使得「國家」的層面上，過去國家機制（state apparatus）獨霸局面面臨了挑戰。同時，臺灣近年來的發展也證明了這是中國歷史上第一個西方意義的市民社會（civil society）的出現。根據西方民主發展的歷程來看，市民社會是提供穩定的民主政治的重要基礎。關於市民社會的發展，西方的左派學者一向有很多的批評性的看法，但是從中國歷史經驗看來，如果資本主義要興盛發展，而且是由資本主義的發展引導出穩定的民主政治，那麼市民社會的出現，就是其中一項必要的因素，也可說是一件樂觀的事情。但在另外一方面，此一市民社會的出現，卻是對國家霸權進行挑戰，因而也可能引發危機。但不管怎樣，這一市民社會的出現，對國家機器進行各種挑戰，以及提出種種制衡的要求，的確是儒家傳統裏從來沒有出現過的，這當然可視爲一次革命性的突破。

最近，西方研究民主發展的學者，非常重視臺灣民主的經驗，他們認爲這是在東亞文化圈中，也就是純粹的或者是受到儒家主導文化影響的社會之中，第一次出現的民主發展契機（在他們眼中，日本與南韓都不算是「標準的」儒家社會，當然這一標準是很可以爭議的）。在他們的眼光裏，儒家文化乃是一種「極致」（Consummatory）型的文化，亦即沒有任何一個社會團體，可以獨立於國家機制之外，自由地、按照自主意願地存在，並與國家抗衡。過去我們談到儒家文化的時候，總有一個大一統的觀念，把國家、王權、道德這些成分混雜在一起。在儒家文化傳統下，最高的理想是一個德治社會的出現，亦即統治者兼爲「德王」，將政治與道德結合。但是這種德治理想和西方的民主政治卻有極大的差異，其中主要的差異是儒家認爲政治是一種教化的工具，「君子之德風，小人之德草，風德草偃」。在此一觀念影響下，它的理想是由德王來推行德化之治，使老百姓能夠在這德化之治下得到好的教化與照拂。但是這種想法卻無法積極的使人民能站在平等的地位上跟帝王相抗衡，也就是說；它無法開展出一個制衡的局面。但是就最近幾年臺灣的發展看來，卻無疑已產生了一種與儒家德化之治基本不同的政治型態。當然，此一發展也付出了相對的代價。其中最大的代價是一個大有爲的政府，亦卽一個宣揚「德政」的政府，它的職能已逐漸的衰退，造成公權力的淪喪。相對的則有較多的資本家參與到政治裏面來，也帶來各種政治的腐化與金權橫流的現象。換言之，資本主義社會中的種種積弊已經進入到臺灣政治裏來了。當然，民主政治的形成的確是有它的代價的，我們事實上也沒有辦法一方面期待一個德治的理想實現，另外一方面卻又強調民主制衡的迫切性。要同時兼顧這兩者是有困難的，因爲德治要求的是至高的、不受挑戰的道德權威，它與制衡體制是不相容的。因之，我覺得如果從儒家政治文化的突破性發展這一點看來，臺灣民主發展經驗是值得我們重視的，同時，市民社會的出現，也是臺灣政治與經濟發展的最重要一項成績。

張　灝：所以您認爲有兩個突破，一個是市民社會的出現，以及政府壟斷局面的打破。

周陽山：是的，尤其重要的是它已超脫儒家德治理想的格局。我覺得它在儒家德治層面的突破是很有意義的，因爲在原來儒家傳統的架構裏，企求實現的德治理想最後卻祇能求其次於開明專制，也就是由許多爲百姓謀福，爲生民立命的知識份子，扮演著類似包青天或御史的角色，爲民請命。如果以中國大陸的狀況來講的話，就是去扮演類似劉賓雁式的角色爲人民說話伸寃。他們出來爲民請命忠貞的向政權首腦提供諍言。但是我們必須注意這種爲民請命的角色，並不是西方意義的制衡，因爲它仍然不容許有在體制之外箝制國家機制的想法，它祇容許在體制之內，由一些清官廉吏來促成政治的革新與清明，因此這種體制發展的最佳結果，祇能造就開明專制，卻不能演變而爲西方的民主制衡。所以唯有容許在國家機制之外，出現獨立的向現政權挑戰的政治力量，並使這種挑戰力量制度化與法制化，才是民主政治發展的重要成果。這也是在過去儒家幾千年既有的政治格局裏一直開展不出的制度性困題。但是過去三十年來的臺灣，由於不斷的出現反對運動，而且到一九八六年開始有了第一個正式的反對黨，這才使得儒家政治文化格局面臨眞正的突破。從這兩個層面來講，我覺得臺灣當前的民主政治發展，無論從文化或制度層面看，都有非常重要的發展意義。

3

張　灝：我完全同意你，無可否認這幾年的民主化是有突破，而這突破有種種跡象顯示可以成功地維持下去。我想談一談市民社會（civil society）觀念的問題，我想傳統裏也有市民社會的觀念，因爲儒家的政治思想是威權主義而不是極權主義，它是德化，在德化裏面則有某種意義的無爲，用英文來講他是一種 negative authoritarianism（否定式威權主義），而不是一種積極有爲的權威主義（positive authoritarianism），更不是極權主義，所以它這一種政權，其政權的權力常常出不了縣衙門所管的城市，鄉村裏到底有多少政府的控制很難講，這些地方的控制常被鄉紳所壟斷。

我認爲中國傳統裏面也有市民社會，但這市民社會和西方傳統的市民社會是有不同，因爲這一市民社會是被傳統士紳階級所控制著，中國傳統這一種市民社會的結構在仕紳階級底下是農民階級。

今天的市民社會則主要是中產階級的出現，也就是在 civil society 裏面產生了多元力量，可以在經濟等各方面和政府抗衡。從前殷海光和政府抗衡，政府一解聘就沒有飯吃，可是今天呢！解聘已威脅不了人，civil society 有很多潛力能夠保護向政府挑戰的人，所以現在所出現的是一個新型的、西方的 civil society，我認爲這二者是必須加以區別的。

今天臺灣民主政治制度的施行，至少在制度上、形式上是對傳統中國的挑戰，但是在背後的意識型態上，是否有眞正的挑戰還是一個問題。我們可以看出主要有兩個成分，一個成分我們可說是理想主義，不管是從基督教傳統來，或是從希臘、羅馬的自然法而來，都承認人有人的尊嚴，我們應尊重人的尊嚴，人的權利，這方面當然是有理想主義的成分。但另外一方面是考慮人的現實性，這現實性裏面有一個重要成分，就是西方的幽暗意識，而這幽暗意識的成分自西方啓蒙運動以後，也不太受人注意，尤其是在非西方社會。但是它扮演一個很重要的角色，從幽暗意識我們可以解釋西方的制度本位，西方根本就認爲，任何一個人，卽使是一個聖人，掌握權力以後就會腐化，這個觀念是從《聖經》裏面開始，一直貫穿到新教。

近代西方自由主義的鼻祖洛克（John Locke）是加爾文派的教徒，雖然後來他自己不完全信宗教，可是這些東西在無形中都會進入他的思想。認爲所有的人尤其是有權的人，絕對不能把所有的權都交給一個他，若把權交出去一定須把它分開，讓它互相制衡。可是中國的知識分子從五四來，接受西方民主的思想，常常忽略這個成分，不管是新儒家，或是五四時期的知識分子，都是從理想主義的角度去接受民主。我覺得這代表他們對民主制度背後的思想背景沒有認識清楚，而這是今天我們反省民主制度非常重要的一面。

在西方政治文化中，有一個很重要的成分就是責任倫理，我們看人的行為，我們不能完全看他的動機，我們要看他的結果，這是韋伯提出的觀念，韋伯的這一觀念和幽暗意識很有關係。韋伯是在一個基督教的家庭中長大的，所以他對人性的幽暗面有極強的感受，他把倫理分成責任倫理和信念倫理，他認為你可能有很好的信念，動機很好，可是這信念祇要付諸實行，經過人手所做出來的事情，就會變質，就可能腐化；他認為凡是經過人的東西都應防患，因此我們判斷行為一定要從他的結果來看。韋伯這種思想很帶有基督教的罪孽意識，在他看來，這是一個非理性的世界。因此，西方文化對權力問題主要是從制度入手，可以說是一種制度進路，而不是德化的進路。我們今天接受西方的民主制度，很顯然的，我們已經跨出了第一步，但是另外一方面，我們應該了解制度背後的精神，民主制度包含了兩個成分，一個是積極的理想成分，一個是消極的防治成分。這二者之間應該有一個平衡，不然就會出問題，而中國的傳統就缺乏這份平衡。

4

韋政通：這一點在過去討論儒家文化轉化的過程當中，很少人把這觀念當成重點來談。剛才兩位所談的儒家外王觀念，實際上是屬於思想的層次，而和現實政治生活密切相關的那個儒家，是和專制結合的儒家。儒家人治的型態基本上是和專制型態相通的，當然實際上仍有不同，儒家思想傳統並沒有制度化，儒家的政治理想是德治的，而在專制政體裏，德治不見了，專制統治並不靠道德，專制帝王是假聖人，我們現在政治上面對的仍是專制傳統的那一套東西。

張　灝：我了解你的意思，儒家制度化的傳統並不是儒家理想中的傳統，這兩者是必須區分的。因此，我們在討論德化傳統的時候，我們必須了解到在德化傳統中也有相當程度的批判意識，它提出聖王的觀念，它是要聖來做王，但是後來的王大都是流氓，因此這就造成一個很大的緊張性。我們分兩個層面來看，在聖王的層面，是可以聖的標準衡量現實的王治。王權，就這層面來講，它可以發揮某個程度的批判意識。可是就儒家的最高理想去看，它的批判意識還是很有限度的，因爲聖王是代表政教合一，會造成權力的氾濫。

韋政通：不管是儒家思想的傳統，或是和專制制度結合後的儒家，在這問題上是一樣的，卽始終都沒有正視權力的問題，這是一個很重要的關鍵，因爲如果不去正視權力問題，老是期待一個好的領袖，根本無法切入政治現實問題。臺灣今天仍然有這個問題。臺灣已經在做民主的實驗。我們很多的知識分子仍非常嚮往一個萬能的領袖，能夠解決很多的問題，這仍是對人治的期待。現在臺灣所處的正是從人治轉向法治的困境，如果我們觀念上沒有突破，仍然只期待有一個強而有力的領袖，寄望他能把我們所有的問題都解決，在這樣的期待下，民主是會落空的。

張　灝：當然我們也不否認一個好總統是很重要，在美國，總統如何地領導，扮演怎樣的角色，也是很重要的。但是，重視人治必須在制度本位之上才能成立，並不是說人治完全不重要，民主運作和當權者的運作仍然有很大的關係，我並不是完全否定人治，由日本的大公司的管理方式(management style)的運作可知，並不是獨靠制度的自動運作就可以的，人的才幹和品質也扮演一個重要角色，我覺得最起碼的是要制度本位，在制度本位之上，才能進一步講人治，這先後的問題是很重要的。

5

周陽山：我想在這裏有一個很重要的觀念可以引進來做比較，就是韋伯所分析的權威三種類型：理性法制的權威（或合理合法的權威），傳統的權威，和 Charisma（奇理斯瑪）的權威。韋伯在分析此一觀念的過程中，有一個很重要的觀點，那就是，奇理斯瑪權威的壽命通常都是短暫的，這個觀念和我們這裏所談的聖王有相通之處，在中國傳統對聖王的期待中，是先聖而後王，也就是必須要有一些可觀察的奇理斯瑪式的道德特質，方能為羣衆服膺。而由於人性之中有著腐化的一面，絕對權力又造成絕對腐化，所以奇理斯瑪權威的持久性往往也是短暫的。當帝王年老昏庸，做錯了重大決策的時候，或者當他的奇理斯瑪的特質不能再繼續的發揮與印證的時候，這時他和他的羣衆之間的互動關係就開始轉化了，權威也開始動搖。但是由於奇理斯瑪權威領袖一旦掌權之後，他往往會把這種奇理斯瑪權威規制化（rutinized）。因此，規制化或制度化的奇理斯瑪，可能本身已不再具有可受印證的權威了，但卻由於掌有著權威的地位與權力，所以這時它所代表的權威，事實上很可能已轉換成一個假權威，亦卽變成一個權力的盤據者和控制者，再一步，它很可能就會進而轉變成為傳統型的權威了。這就像是中國的帝王制度、西方的君王制度，或西藏的達賴喇嘛制度等。因爲制度化的原因，原來的「聖王」就變成「王聖」了，所謂的王聖，是因王而聖，而非因聖而王。它是因繼承而得到權力，而不是因自己的眞實能力而受人敬重，進而建立權威。這裏就面臨了一個問題，那就是中國傳統的聖王的理想所期待的道德性奇理斯瑪，轉型而成制度化的奇理斯瑪權威，進一步則因爲掌有王位之後，權力腐化並以繼承方式傳之後人，使得原來的權威不一定再具有使人眞正服膺的能力，這樣的結果就使得權威演變成爲假的權威，不一定再是人民眞正服膺的對象；相反的，這種所謂的權威有時反而成爲對人民施加強迫限制的壓制者。在這一過程裏面，中國傳統的一個最大限制，就是雖然它有聖王的理想，但是卻沒有辦法在制度上開展出來眞正的制衡體制，最後則非但聖王的至高理想不易實現，而且連至低的、最基本的保障民權措施，也無法建立起來。這裏面的關鍵就是中國一直缺乏市民社會的獨立發展。西方的市民社會有一個很重要的成因，是由於經濟的發展，產生了中產階級和資產階級，他們崛起之後，卻不能夠見容於舊有的王權和神權（敎會）；由於敎會和國家對它進行的各種剝削，又不讓它享有政治權力，因此市民階級必須結合強大起來，爭取自己的利益；鼎足而三的局面因而形成。而在這三者之中，王權、神權和市民社會必須進行各種的縱橫聯合，亦卽聯合一個去打擊箝制另外一個，在此一過程中，形成了三角運作的關係，市民社會有的時候是去聯合教會打擊王權，有的時候則是聯合著王權打擊教會，最後，它必須以制度化的保障去鞏固自己的利益，在此一鞏固的過程中，王權和神權力量逐漸削弱了。

但是中國歷史發展的情況卻不一樣。在傳統中國，如果商人太有錢的話，往往會面臨抄家斬門的命運，而「士、農、工、商」這樣的位階順序，是有意的用來壓制過大的商人階級與經濟力量。因此，在中國傳統制度裏，只有不斷出現的成王敗寇的歷史循環，卻不可能在制度外出現長期的制衡者；也就是在王權之外，不可以有一個強大的力量跟王權長期抗衡。在傳統架構裏，只有以戰爭與酷刑來解決權力爭執的問題，卻不能容許兩個或兩個以上的政治敵體和平共存，所謂的「天無二日，國無二君」即此意。新儒家學者本身也承認這一點，但是他們仍然堅持道德原則應屬第一義；也就是說，民主政治的最後目標仍是道德理想而非權力制衡，但是對民主政治寄予這樣高的道德期望，卻是難以實現的。另一方面，根據康梁嚴復等的想法，希望國家強盛，並以民主政治來促成國家的富強，卻只是將民主視為一種工具。但不管是以民主做為道德教化的工具，或是做為國家富強的工具，這兩種想法都使民主失去了本身的獨立意義。就民主的自身價值而言，我認為最重要的一點是，在基本的人權上，對個人人格做基本的道德的肯認，將其視為道德的主體，不因任何其他理由而犧牲個人，亦卽，使得一個人不能因任何理由（如為國家、為歷史、為文化等）成為其他的人的工具。因之，人是不能被化約的，個人不能被化約成爲國家富強的工具，個人也不能被化約成德治理想的工具，人本身就是一個獨立的價值，這是西方人權與民主思想的最主要基礎。但是人權的保障必須經由制度化的機制，其中市民社會所提供的獨立與抗衡力量最爲緊要。由於獨立的市民社會的出現，今天的民主運動已經和過去殷海光時代或雷震時代的要求不同了。民主的要求不僅限於知識份子，而且及於廣泛的中產階級、資產階級與人民大衆，這也就接近西方的資本主義民主了。所謂資本主義的民主，就是人民先要有本身的經濟自主權，站在經濟主權立場上再要求基本人權與政治權力，這一點也就是過去政治學者所強調的資本主義和民主之間的關係。我們不能肯定有資本主義就有民主，但我們卻可以確定的說：沒有任何一個民主國家不是立基於私有制或資本主義的。也就是說，今天在世界上採取其他類型的經濟體制，如社會主義公有制，卻沒有辦法建立眞正的民主，北歐的福利國家，雖然有時被稱爲「福利社會主義國家」，但仍然採取資本主義與私有制。因此，我們可以看出此中的一個有機關係，我們建立民主的經濟條件已具備了，但民主成形的其他條件還需假以時日才能穩固。

6

韋政通：撇開歷史、理論看現實，在臺灣我已看到靠傳統型權威來推動法治權威的建立的局限，臺灣要健全法治，需要努力的地方很多。在積極方面要司法獨立，在消極方面要壓制種種大小特權，這兩方面在臺灣目前都很難做到，因此民主在實質上很少進展。

周陽山：如果以韋伯的三種權威類型進一步分析今天臺灣的民主政治，我們應該特別強調轉型期權威的穩定性。也就是說，我們特別需要就政治權威的穩定問題多加考慮。在代表奇理斯瑪權威的強人政治之後，我們應該強調理性——法制權威的迫切性，同時也應肯認傳統型權威在政治轉型期間的重要角色。試舉國際間的相關例子，泰國國王蒲美蓬所代表的傳統型權威，就對政變頻仍的泰國政局有穩定之功。同樣的，西班牙國王卡羅斯也對佛郎哥之後的西班牙民主建設，提供了穩定性的助力。這些傳統型的權威角色，有一項共同的特性，就是他們位高而尊崇，但卻能擺脫實際政治的成敗，不為施政的成敗負責，因此儘管黨爭激烈，政爭頻仍，但他們卻能維持著權威的地位，對政局的維繫具備了安定之功。

在我們當前的環境與條件下，依據憲法與國情，最適宜承擔上述傳統型權威角色的，就是同樣位高尊崇的總統。如果我們能貫徹憲法的基本特性——內閣制，使總統扮演著接近君主立憲制下的虛君角色，那麼不管行政院長的政績如何，總統均能不受實際政績的影響，在政治轉型期中成爲一股安定穩健的力量。因此，儘管議會內黨爭激烈，但內閣制下的總統卻能肩負起部份的傳統型權威的象徵性角色，這種「虛位元首」的積極作用，是絕不可輕忽的。

從比較政治制度的角度看來，總統制的確不如內閣制來得穩定。因爲在總統制之下，身擔最高行政領導人的總統，不但是國家政治權威的中心，也對實際政策負成敗之責，權力與權威一元化的結果，是政治風險增大。而且對於政治參與意願激烈的新興民主化國家而言，總統制下的總統選舉，往往成爲全國性的動員選舉，往往造成爆炸性的參與風潮，極易引發政潮或羣衆性暴力事件。再加上總統選舉基本上是選個人而非政黨（如許多美國的堅定民主黨人仍投共和黨雷根一票），某些形象好而能力差的候選人（如卡特）往往也會僥倖當選。相對的，在內閣制之下，總理或行政院長首先必須成爲執政黨領袖，他必須先具備黨內威望，通常也饒富行政經驗，再要獲得選民直接肯定（指先要當選議員）或間接同意（獲得議會多數票同意），這種當選途徑比總統制下的動員性參選，遠爲安全而可靠，也有利於政治轉型。因爲無論總理的更替如何頻繁（如二次大戰後的義大利），但由於有虛位元首維持著穩定的政治權威的角色，政治中樞還是穩定的。而且根據各國往例，在政爭嚴重的情況下，往往是由虛位元首出面邀集各黨派領袖會商消弭政爭的。只要虛位元首維持著比較公正的立場，政爭是不難解決的。

從中國人的政治行爲與政治文化看來，採取內閣制絕對比總統制更爲有利於政局穩定。近代中國的主要政治危機之一，就是權威的失落，如果近代史上的政治領導人有足夠的遠見與智慧，早些採行內閣制的話，政治權威的更替就不會如此頻繁，最後弄得政權合法性不足，政治權威的更替最後卻只有以武力來解決了。

基於上述的理由，重歸憲政的原旨，重新走回內閣制，乃是當前朝野從政者的最大智慧的表現。

張　灝：剛才周先生在制度面上談這問題是很有意義的，你是主張走回內閣制，總統由德高望重的人來做，維持一個穩定性道德的權威，我覺得這是非常有意義的。當年由張君勱先生所寫的憲法，在這制度上就有些不明確，像行政院長向立法院負責，可是在另一方面總統的職權並沒有訂的很清楚，但這不清楚也沒有我們所想像的關係那麼大，而是在於在臺灣的人對於民主的了解和詮釋，憲法的不明確，倒給後人一些迴轉的餘地，並不是一個不可救藥的問題。我同意周先生的看法，就是內閣有實質的權力，總統有象徵的權威，這樣可以由奇理斯瑪和傳統型權威結合的政治型式走向民主的理性化型式。

這裏我想補充一點，西方的民主制度從十六世紀的荷蘭革命，十七世紀的英國革命，十八世紀的美國革命，然後是法國革命，而在這之中，中產階級扮演著極重要的角色，他們有錢，生活有了保障，他跟君主抗衡，無所懼怕。我所要強調的是，西方民主的傳統是淵源有自，它從一開始就是二元權威，這二元權威可以追溯於猶太教和基督教的傳統，西方是政教分離的，它在公元前八世紀到五世紀有先知運動，這先知運動是獨立於王權的，猶太民族開始沒有王權政治，它是逐漸由於近東的政治環境的需要而逐漸實現的。但是另一面有先知代表上帝說話，因此這先知和王就是一個抗衡，這就漸漸演變基督教的教會，大家常有個觀念總認爲，教會也是一個權威的組織，但是從制度上來看它的功能，至少是有自由主義的功能，雖不能說是民主的功能。怎麼說它有自由主義的功能呢？主要是王權不能替天說話，而教會可以，它本身就是一個制衡的力量，這兩者不斷地進行鬪爭，使得政治領導者不能有壟斷權力的機會。從這觀點去看，近代的中產階級可以說是大一統教會崩潰後的代替品，中產階級變成抗衡王權的力量，因此西方傳統一開始就是制度二元化的傳統，這個背景是值得我們做參考的。

周陽山：關於中華民國憲法的制訂，雖然它是政治協商的產物，有一些妥協、模糊的地方。但從憲法初稿的擬訂人張君勱先生的基本憲政設計看來，無疑是本於內閣制精神的。基於此，憲法中強調總統的命令必須經過行政院長副署，行政院長人選需經立法院同意，行政院長對立法院而非總統負責，行政院長爲獨任制（而非合議制），這些都合乎內閣制的基本精神。

事實上，在國民黨方面，立憲之初也了解這部憲法是本於內閣制的。因此當時蔣總統曾有意延請胡適之先生出任總統，蔣氏則自任行政院長，但因部份親信人員的反對而作罷。但也的確因爲這部憲法是本於內閣制的精神，使得總統權限受制，日後乃有「動員戡亂時期臨時條款」的訂立，並爲總統增加了許多權限（包括國家安全會議等）。這都證明了憲法的基本精神和制度設計是基於內閣制的。

老蔣總統逝世後，當時擔任行政院長的蔣經國先生，曾使憲政體制的運作回歸內閣制，但日後又走向總統制。蔣總統過世後，權力的運作並未定型，究竟屬總統制或內閣制並不明朗，但目前民主化的發展方向，顯然是主張廢除「動員戡亂時期臨時條款」、回歸憲政的訴求較高。而且由於人事變遷，過去依附於強人政治、強調強勢總統必要性的許多說法已不復見。因此，現在的確是我們要求回歸憲政，並回歸憲法的大好時機。我們再也不能自欺欺人，認爲憲政體制究竟是總統制或內閣制均無所謂，只要「因人設制」就好了。因爲幾十年來「因人設事」、「因人設制」的結果，是法制無以建立、法治綱紀不彰，導致民主規範無法約束朝野各界，最後則造成了強人政治終結後的公權力淪喪與社會失序。因此，我認爲，回歸憲政，走向五權體制下的內閣制，乃是當前最迫切的憲政大業。這也是對日後政治權威與民主法治的重建，最爲根本的一項要務。

7

張　灝：在這裏我再補充一點，我認爲像美國的總統制還有一個缺點，他既是國家元首又是行政領袖。他每天得花很多時間去應付純儀式性的工作，如接見外賓等等。在英國這些事情就由英皇去做了，國家元首和行政元首分開，可以讓行政元首全心全意地去應付問題處理任務。

周陽山：中國傳統政治文化中有一項特徵，就是政治權威往往依附於個人而非制度。因此，如果我們的總統擁有最高的政治權威與崇高的道德威望，而不負責實際的政策成敗，讓政策的事情由行政院長擔負，那麼地位崇隆的總統就有充分的空間與機會去培養德望。他所擔任的職位就不只是一個儀式性的虛位元首，而且是超脫於政治鬬爭層面之上，不受政治現實立卽影響的德望型領袖。在內閣總理（行政院長）向議會負責的制衡體制下，民意可以定期的決定內閣的人選，但由於總統不負責實際政策，而且總統選舉與立法院選舉不在同時，因此無論政策成敗，他都可不受影響。相對的，在總統的競選方面，各政黨也都會推舉出他們的黨派中，最具清望的人擔任候選人了。

韋政通：在臺灣要實現虛位的總統很明顯地有兩大困難，第一困難是，我們長期以來是強人領導的政治，它的體制以及從屬的官僚系統，是爲了配合強人，所以要改變這體制，實行虛位總統是有很大的困難。第二個困難是以黨領政，黨的主席又是國家元首，黨和政府是結合在一起的，要有虛位總統出現，黨政關係必須分離，在臺灣有現實上的困難。在現實的條件下要突破這層困難不是那麼容易，這牽涉到整個黨政制度的改變。

張　灝：談到中國傳統文化，內閣制較不易與之結合。中國的皇帝和日本的皇帝不同，日本向來重心是在幕府，其皇室祇是精神象徵而已，中國傳統是政教合一，皇帝既是精神領袖又處理行政事務，而今天，中共的黨主席以及國民黨的黨主席都還在多多少少延續傳統的模式，而在這模式沒有打破以前，由總統制變到內閣制在政治文化上是有些困難，大家總認爲要作之君作之師。

周陽山：我覺得藉由制度層面的設計，我們的政治文化將會隨著民主化的發展而有重大的突破。關於文化與制度之間的互動關係，相當複雜。我只舉一些例子做對照。

最近國民黨曾有一個組織改革的擬訂計畫，它的改革方案部份參考自日本自民黨，但又不全相同。按照此一擬議，國民黨將劃分出組織動員、政策與議會協調及總務行政三大部門，相當於自民黨的幹事會、政調會與總務會等「黨三役」。在自民黨的「黨三役」之上，還有黨的總裁，通常也擔任政府的首相。如果國民黨仿照此制，但又做部份修正，在三個部門之上設立負責實際黨務的秘書長，以及具清望的黨主席（不負責實際黨務），也就是仿照內閣制中的總理與總統關係，而不是由秘書長擔任幕僚長，那麼這也將使政黨內部較易推動民主化，亦即達成黨內民主。

張　灝：我這裏有一個問題，假如黨的主席或代表形式的領袖，實際上的事情由「黨三役」來處理，可是萬一黨在大選中勝利要主政的時候，這首相的職位由誰來擔任呢？

周陽山：目前在臺灣的中央選舉有兩個主要層面，第一層是選舉總統，第二層則是國會選舉。但是六年一任的總統選舉卻與國會選舉無直接關係。如果我們要走上政黨政治與回歸內閣制的話，則立法委員每三年一次選舉後，行政院就必須總辭，由新的立法院決定新的內閣人選。但儘管如此，立法委員的三年一次大選卻與總統選舉無關，因爲總統不對立法院負責，他是超出這一層次的。

由於總統是由國民大會選出，行政院長人選則係由立法院決定，所以在民主化的步調繼續前進後，有可能出現總統與行政院長分屬兩個不同黨派的情形。行政院長通常會與立法院中的多數黨同一黨籍，總統卻可能是另一黨籍。基於這一原因，如果我們的憲政體制再不清不楚，弄不清是總統制或內閣制，就有可能走上法國的半總統半內閣制，形成過去左派總統與右派總理共事的奇特現象。這種局面對政治穩定與施政政績而言，自然是不利的。

至於您剛才所提的總理職位，自然應由黨魁，亦卽黨的秘書長出任。不過執政黨黨魁出任閣揆後，是否應另選出黨的秘書長，則需視實際情況而定。當然，如果執政黨的黨主席未當選總統，情況就更不一樣了。

——《中國論壇》三二五期

附錄

從《首腦論》看海峽兩岸的政治學研究

一

在近年來中國大陸逐漸恢復的社會科學中，政治學是一門敏感而重要的學科。雖然在官僚社會主義國家之中，政治無所不在，而人人也必須維持著對政治的高度敏感，時時尋嗅著政治的風向。但基本上，人們對政治的關懷多僅止於消極的與權術的層次，以個人主觀的處境、出處及應對之道作爲主要的考慮，有時還夾雜著「避秦」的逃難心態，而從客觀的角度做多元的積極性思考，卻比較缺乏。而且，由於對西方及國際相關學術長期隔閡、忽視的結果，在思考的知識資源上，也出現了嚴重的不足現象。此一現象，即使在中國大陸政治學重建多年後的今天，仍然未能迅速改善。但是，雖然知識上的參考憑藉嚴重不足，對國際學術的發展相當陌生，而政治尺度的限制（不管是外在局限或自我設限）又無遠弗屆，但即使如此，傑出而用功的知識份子，卻仍能儘量超越外在條件的不足，進而創作傑出的著作，並且以恢宏的胸襟與廣闊的知識視野，展現出中國知識界的奇葩異草。嚴家其的《首腦論》，就是這樣一本傑出的作品。

要對《首腦論》這樣一本著作做評價，必須對上述的矛盾處境做進一步的分析。簡而言之，這是一本與當前國際（西方）學術發展成果不太相關的書，因此我們不宜用狹窄的西方學術的規格來評論它。無論在方法論、相關學術文獻、當代知識及國際經驗比較等方面，《首腦論》都不太與西方的研究成果搭調。但是，《首腦論》卻又在它的作者能力所及範圍內，將相關的各種歷史資料，做了豐富而成功的整理及運用。雖然作者的當代西方知識來源相當受限制，但他卻以極爲寬闊的歷史視野，從上古到近代，從中東、非洲、歐美到中國，將複雜的歷史資料做了純熟的爬梳與歸納工作。這樣寬廣的歷史知識與國際視野，不僅在臺灣學界中無人可以比擬，而且在西方學界也不多見。在當代的國際政治學名家中，杭廷頓（S. Huntington）的著作或許是少數可以藉以對比的對象。只是杭氏以當代資料爲主，而嚴氏則偏向歷史例證。

《首腦論》是一本研究首腦行爲規則的著作，基本上它是以龐大的歷史事例爲素材，以各式各樣的分類標準爲架構，試圖爲「首腦研究」或「首腦學」做一開山工作。單就此一任務而言，嚴家其的成就的確是傲視臺海兩岸的。而且儘管作者在經驗取材、分析工具與理論觀點上有所缺憾，但由於他處理的歷史事例豐富而龐雜，而歸納工作又相當謹愼，因此儘管我們可以對個別的分類法則與解釋觀點表示異議，但卻很難從整體的角度，對作者的知識性努力，提出嚴厲的批評。

更難得的是，作者以深厚的文字功力和平實的敍事態度，清清楚楚的將複雜的歷史事象做了提綱挈領的整理，使讀者無需政治學上的先備知識，卽可循序進入學術堂奧。這與受西方式學術訓練的規範，且泥於學術行規的許多乾澀政治學著作相比，又顯得更具平民性與豐富性。誠然，正如嚴家其在自序中所說，他將本書「獻給現在正在任職的世界各國的國家元首和政府首腦，希望有助於他們進一步了解自己的崇高職責，了解一個首腦人物成爲偉大政治家的途徑。」基於此，本書並非學究式的、吊書袋式的著作，但無疑的，它仍是一本夠格的、相當嚴謹的，也經得起一定程度批判分析的著作。

二

根據以上的簡述，我願意從兩個不同的角度繼續評論本書。首先，是就臺海兩岸政治學訓練及政治處境的異同，做一比較性的分析。其次，則是回到以西方政治學爲基線的學術觀點，提出個人角度的批評。就前者而論，我對《首腦論》的評價是非常高的，對它的限制也以同情了解的態度處理，我認爲它的缺憾是必須被充分體諒的。但就後者而論，則基本上牽涉到不同學術訓練與知識傳統的異同，並無定論，也是爭議性比較多的。

首先，從正統的西方的政治學角度來看《首腦論》，這部著作雖然歷史材料與國際知識異常豐富，但卻缺乏足夠的當代政治學分析工具，對當代中國領導人物的分析也付諸闕如。因而缺乏了與國際（西方）學界（包括政治學界與東亞研究學界）的積極對話關係。對於當前西方學界所關心的共黨領袖繼承問題，本書更是完全未能觸及，也的確是一大遺憾。這當然與中國大陸知識份子的處境，以及大陸的政治學本身的敏感性，均有密切關係。而從同情的了解的立場看來，我們或許應該以更敏銳的嗅覺及更仔細的閱讀態度，儘量的去尋覓作者在字裏行間可能透露的「微言大義」。但是，從一個更嚴肅的學術立場看來，這種推敲式的閱讀法畢竟太過臆測性了。而且，卽使我們同情作者的處境與立場，卻仍然必須指出，這本書的選材過於偏重較早的歷史資料，而疏於對中國現代史（尤其是民國史）及當代國際經驗的發掘，這仍不免有所偏頗。尤其當前（受西方影響）的社會科學研究，多以當代的經驗素材做爲研究對象，臺灣近年來的社會科學研究（包括政治學），更是以當前或近代的中國及臺灣社會、政治發展做爲研究主題之一，因此，如果《首腦論》這樣的著作在臺灣撰寫，則本土的與當代的經驗與例證，必然會成爲主要探討的課題之一。儘管研究者必須特別謹愼的，以客觀平實的態度處理當代的資料，但他卻不易擺脫對現實問題做具體分析的學術性與社會性要求，尤其如果這本書正如嚴家其所期待的，要對人類經驗中的首腦行爲，建立起一系列規則，那麼它的規則就更不能只是對歷史經驗有效，而與當代的經驗不發生關聯了。

最近一、二十年間，臺灣的政治學者對大衆選擧行爲、政治文化、菁英派系組合、領導決策行爲、官僚體系、議會政治等所做的許許多多政治學、社會學研究，都顯示了社會科學研究者研究當代問題的重要取向。這種取向，當然不應被視爲社會科學的惟一研究方向，但無疑卻是一般社會科學者與歷史學者在分工上的主要區別之一（另一主要區別是兩者研究方法不同）。這種分工趨勢，也正是西方當代學術的主潮。雖然目前也有一些社會科學家的主要任務是研究歷史資料、從中發掘規則（其中以歷史社會學者最爲有名），但最後他們的研究成果，卻仍是拿來與當代經驗資料做比較分析。從此一角度看來，《首腦論》雖是中文裏的開山之作，而且歷史資料相當豐富，但學界的後繼者無疑更應就它的缺憾——現實經驗的不足——作更大的補足工夫。否則它對社會科學界的積極影響，仍是相當有限的。

另外，對非共黨國家的學界而言，《首腦論》雖是一本由共黨國家學者撰寫的傑出作品，但它卻與其他共黨國家（包括蘇聯、波蘭、捷克、南斯拉夫……）的傑出學術作品不同，因爲它不是針對自己的社會與處境所做的研究，也對共黨社會本身的問題完全不做檢討。因此，《首腦論》這本書和受到國際重視的東歐學者的一些成功著作，如捷克學者歐塔·錫克（Ota Sik）的政治經濟學、社會主義所有制的分析，波蘭學者克魯考斯基（L. Kolakowski）的馬列哲學及思想著作，或南斯拉夫「實踐學派」（Praxis School）對自治社會主義及馬克思思想所做的分析，在性質上均完全不同。基於此一原因（亦可說此一限制），這本書是否能引起國際學界的重視，的確是一大疑問。

除了上述的限制外，嚴家其在本書中所用的觀點，也與社會主義理論的發展無甚關聯。因此《首腦論》也和李一哲、王希哲、陳爾晉等（受西方注目的）異議的社會主義思想著述影響不同。總之，由於《首腦論》與它的時空環境不發生密切的關聯，雖然它有廣博的知識視野，卻很難超越它自己的局限，而得到其他國家知識圈的重視。這層限制，對《首腦論》

這種水平的作品而言，自然是不公平的，但由於它本身避開了對現實層面的省察，這種局限自然也是無奈的。

但是，雖然《首腦論》很難得到國際學界的矚目，也缺乏對現實問題的分析，但卻不妨礙它本身的傑出地位。對臺灣學界而言，這本書的衝擊，雖然遠不如李澤厚或金觀濤的著作，但它卻有深刻的反省與參考價值。它對臺灣學界的重大啓迪意義在於：卽使不使用西方的學術語言、不經過西方（尤其是美國）政治學的訓練與洗禮，甚至不守西洋學術的行文習慣與引註格式（如譯名的原文一律不註明），但仍然有可能產生夠格的學術成品。起碼，在臺灣衆多的政治學著作中，這本書的成就本身就不落人後。而且就其架構的完整、資料的充實、體系的縝密而言，也比許多以介紹西洋學說爲自足的導讀式論述，更富深蘊。當然，也由於同樣的原因，許多讀者對它可能會有「無處下手」、「難做評論」之感。尤其若想對本書所觸及的歷史例證做仔細推敲，更是龐雜無比，極難做全盤性的掌握。這種豐富的材料整理工夫，也正是臺灣社會科學界本身所缺乏的。

三

多年來，我們在臺灣學界的人文與社會研究成果中，看到了許多傑出而細密的個案研究，從嚴格的西方學術觀點看來，這些研究處理的對象不大，解釋範圍有限，但由於分析與論證相當嚴謹，因此只要學圈中的同儕將類似或相關的研究不斷做出，互相攻錯、建立規則、擴大解釋空間的可能仍是指日可待的。但是嚴家其的研究路向顯然與此不同。《首腦論》的研究與寫作路徑，並不建立在與同行學圈的合作或攻錯的基礎上。而且它的知識性企圖也不止於個案分析。它從一開始，就以建立整體性的規劃爲著眼點，作者廣泛的閱讀大量的歷史資料，從中逐漸排比分類，歸納出一系列的通則。這種研究取徑的最大困難，是一般社會科學學者的歷史知識有限，鑑別歷史資料正誤的能力不足，再加上一般人記憶範圍受限，掌握龐大的經驗素材頗感力不從心。因此這種視野廣闊、氣魄恢宏的研究工作，只有極少數的學者能夠承擔。嚴家其的努力，儘管有本文前述的各項缺憾，但卻能在大陸政治學界復甦未久、條件不足的情況下，產生這種相當水平的傑作，實在是難能可貴的。相對的，在知識環境、學術訓練及物質條件卻相對的遠爲優裕的臺灣，卻未能看到類似的大著作，實在值得反省深思。

雖然本文一再強調，不應以狹隘的西方政治學與社會科學的成規來評斷《首腦論》，但這並不表示西方的學術觀點必須劃地自限，一碰到共黨國家或非西方國家的學術研究就必須駐足不前。相反的，我認爲西方學術觀點仍有其深刻的參酌與批判意義，只是我們不必拘泥於歐美學界的市場取向、分工方式與行文格式，以爲只有合乎實證論（或其他當道理論）規矩的經驗研究才是惟一研究路向。事實上，無論從政治學或歷史社會學的角度看來，《首腦論》的成績，都是夠格的，儘管它的研究取向與寫作方式，不太讓「正統的」或西方式學院訓練的學者習慣而已。

但是，如果跨越了上述的西方式學術規格，而從學術與知識觀點本身來看《首腦論》這本書，卻仍有可議之處，亦即從學術內在理路本身觀察，《首腦論》的知識觀點，仍是有所缺憾的。其中最重大的缺失，是理論工具的不足，這當然與作者的知識來源受限制這一點有關。但是我卻不能不在此指出來，因爲雖然我同情作者的學術處境，但「同情的了解」卻不應成爲對學術著作惟一的評論判準，否則學術的交相攻錯就失去意義了。

在《首腦論》第一章中，作者對權力的性質、政治體系的類型和首腦的權力等做了一些理論的分析。本來一般學術著作總要在開頭的〈總論〉或第一章中，就理論架構做一解釋，而本書又是以歷史資料的整理與歸類見長，而且相當強調通俗可讀，因此一開始對於理論的處理尤其顯得必要。但是很可惜的，儘管作者提及「權力」、「權利」與「權威」的異同，也討論到權力的主體、政治體系的類型、行政權與社會控制等問題，但是他卻完全忽略了權威、合法性（legitimacy）、極權主義（totalitarianism）、威權主義（authoritarianism）、民主、法治（rule of law）、憲政主義（constitutionalism）等基本的名詞與概念，而這些辭彙在百科全書中都是隨手可以查證到的。根據《首腦論》的引註（包括了百科全書），作者事實上是可以輕易的獲得這些基本資料的。這些基本的名詞和概念工具如果獲得釐清，則本書的理論分析，就會更爲精到，而解釋力也將更爲豐富。但是很可惜的，嚴家其完全忽略了這方面的要求（在西方學界這幾乎可說是最基本要求），也使得本書的精緻性與深度大受影響。

作者的疏漏，也可從他對社會科學的重要「常識」之一，韋伯的三種權威理念型（ideal type）的完全忽略上看出。事實上，如果討論權威和權力，而完全不處理韋伯的觀念與分法——傳統的、法制——理性的、與奇理斯瑪（Charisma）的權威——在當代社會科學界中恐怕會被視爲「異數」。而且引證或討論韋伯觀念的用意，絕不是表示「懂學術行情」或「顯示博學」而已，從《首腦論》這本書所分析的許多例證看來，如果運用了韋伯的這些觀念，則本書的解釋觀點將大爲補強。許多基於常識觀點所做的分類，也將更爲深刻化。譬如說，在本書中所分析的八等級首腦權力，如果配合韋伯的解釋架構，則對其中「神權君主政體」、「虛位君王」、「雙頭元首制」等解釋，必將更爲豐富。而且若透過這些豐富的理論觀點，則本書的價值就將不僅止於資料的整理、排比與常識性的解釋而已，而且在學術的貢獻上，也將大爲增益。事實上，閱讀韋伯著作的人也都了解，韋伯的偉大之處，不僅在於他的博學與對歷史經驗的熟稔，而且更重要的是他在龐雜的歷史經驗中，運用超凡的分析力，做了極重要的理論建構工作，同時也與當時其他的知識成果做了深刻的對話。基於此，儘管當代的社會科學理論不斷推陳出新，每幾年就有一派或數派理論當道，但閱讀韋伯（和其他幾個大家，如馬克斯）的原典，卻仍是不可或缺的工作。而相較起來，嚴家其的著作，雖然也表現了難得的統御歷史例證的能力，但對資料的進一步分析與解釋，卻流之於粗疏，更缺乏與理論大家的對話關係，此一限制，或許可視爲這本「開山作」的最大缺點所在。

四

通過以上的簡論，從《首腦論》的成就與缺憾這兩方面看來，臺海兩岸的政治學的對映，應是相當明顯的。臺灣的學者工於精細的論證分析與實證研究，但在範圍較廣的解釋與歸納工作上，卻顯得力不從心，而且氣魄承擔不足，因此往往只能針對西方的理論，做局部的修正工夫。從這樣的角度看來，當前臺灣學者所關心的從「社會科學中國化」以建立理論的努力，還有非常遠的路待走。而在大陸學者方面，雖然展現了寬闊的知識視野與氣度，在資料的整理上也有獨到的成績，但由於理論觀點的嚴重不足，在解釋的深度上也非常受限。上述這兩種研究取向與學術成績上的限制，雖然看似可以互補，但卻需要相當長時期的學術溝通與努力才能眞正的建立起溝通及解決的管道。此一艱鉅的任務，很值得海峽兩岸的有心學者多加思考，以謀精進。這也可視爲《首腦論》這本著作給我們的另一項啓廸。

——《中國論壇》三二四期

三民叢刊7

勇往直前

石永貴　著

石永貴先生，絕對是大眾傳播界一個響亮的名字，在他任內使新生報轉虧為盈業績發行量增加了一倍，在他任內使臺視在他新聞確立了不移的口碑成長了四十四倍，並使臺視也是新任內當可了人移的碑。啟示他的成功經驗、勇氣和堅持當然永貴先生可予人心同路程。的文字本書即收集了石永貴先生自述其不心路歷程，的文字到從書中，我們可以看到他怎樣期待部屬也看獲益要求自己，這些經驗和理念不僅可讓人傳播人在非淺，一般人讀了，也可獲知成功的理念播何

三民叢刊8

細微的一炷香

劉紹銘　著

劉紹銘先生為海外知名學者，研究現代文學聲譽卓著。他以本名撰寫文學評論，以二殘筆名撰寫諷諭文章，文思流暢，刻畫生動，本書為作者最新之文集，蒐集大陸民運前後發表的文評及雜文，除了析述海內外有關中國的文壇發展外，字裏行間所流露的對中國現勢及未來的痛心及關心，更是使人心動。

三民叢刊9

囊中一卷放翁詩

琦　君　著

琦君的散文，溫柔敦厚，於自然中散發出細膩的情思，久已為人稱譽。本書即收錄了他最近的作品，從日常生活中隨手拈來，自也透露出作者駕馭文字的純熟工夫。另外並有琦君向少執筆的小說及她第一次執筆的劇本，可看出作者對文字掌握的多面能力。不可不讀。

三民叢刊10

在我們的時代

周志文 著

「在我們的時代，希望很容易幻滅，但在一段沮喪過後，逃逸了的希望又常常不期然地像雨後的彩虹一般的在遠方出現。」本書收集作者兩年來在中時晚報所發表的時事短評，針對的人、事雖各有不同，但所抱持的理念是一致的，那就是一個人文學者對現世的關懷，與對未來猶不死滅的希望。作者以洗鍊的文筆，犀利的剖開事件上層層的迷障，讓我們得以見到更深刻的事實和理念。

國立中央圖書館出版品預行編目資料

自由與權威／周陽山著--初版--
臺北市：三民，民79
面；　　公分--(三民叢刊;6)
ISBN 957-14-0085-8 (平裝)

1.自由　2.權力
571.94

 自　由　與　權　威

著　著　周陽山
發行人　劉振强
出版者　三民書局股份有限公司
印刷所　三民書局股份有限公司
　　　　地址／臺北市重慶南路一段六十一號
　　　　郵撥／〇〇〇九九九八——五號
初　版　中華民國七十九年八月
編　號　S 11009
基本定價　叁元伍角陸分
行政院新聞局登記證局版臺業字第〇二〇〇號

自由與權威
編號 S 11009
三民書局
ISBN 957-14-0085-8(平裝)